L'AME
MEUSIENNE

A MA CHÈRE

FEMME,

PARISIENNE DE PARIS,

MAIS QUI

AIME

LA MEUSE,

CE LIVRE EST DÉDIÉ

E. B.

ERNEST BEAUGUITTE

L'AME
MEUSIENNE

Préface de M. ANDRÉ THEURIET

DE L'ACADÉMIE FRANÇAISE

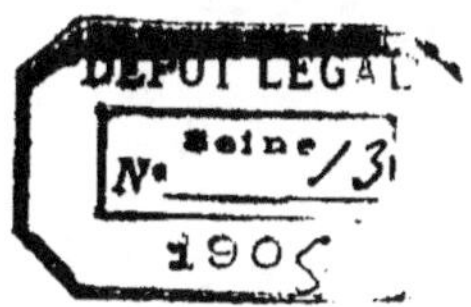

PARIS

ALPHONSE LEMERRE, ÉDITEUR

23-31, PASSAGE CHOISEUL. 23-31

M DCCCC IV

PRÉFACE

Quand on va de Châlons à Nancy et à mesure qu'on
s'éloigne des plaines de la Champagne, on voit peu à peu,
à droite et à gauche, les terrains se relever et des bouquets
de taillis surgir çà et là. Bientôt la vallée se creuse plus profonde, les collines se haussent et se soudent l'une à l'autre ;
des vignes drapent les flancs des coteaux, des bois en couronnent les sommets. En bas, des prés s'étendent au long
d'une limpide et poissonneuse rivière, qui serpente entre des
saules noueux et des files de peupliers d'Italie ; un canal au
cours rectiligne, aux chaussées plantées d'ormeaux, reflète
dans le miroir de son eau mélancolique le ciel brouillé de
nuages et les arbres taillés en pyramides. Plus loin, une
petite ville apparaît, bâtie en amphithéâtre et dressant sur la
hauteur ses toits de tuiles brunes, ses jardins en terrasse, ses
clochers sveltes ou trapus. Au pied des collines, de nombreux
villages sont quiètement blottis. Des ruisseaux gazouillent en
courant à travers leurs rues caillouteuses, comme pour faire
pressentir la proximité des Vosges toujours vertes. Les maisons basses, allongées, offrent à l'exposition du soleil levant
leurs façades blanchies à la chaux, où des guirlandes de
haricots sèchent sous l'auvent des toits, où des pots de géra-
niums rouges décorent les fenêtres. Presque toutes ces rustiques

*demeures sont avenantes et proprettes ; elles disent l'aisance,
l'intimité d'une vie étroite et laborieuse. Une allée obscure
sépare les engrangements et les écuries, du corps de logis où
se trouvent la « chambre de réserve » et la cuisine. Celle-ci
sert de réfectoire et même de dortoir aux chefs de la famille.
Toute la maisonnée s'y assemble le soir, sous le manteau de
la cheminée. En arrière, s'arrondit la chambre à four et
s'accote le tect à porcs. Au dehors, le verger, le maix, étage
à mi-côte ses rangées d'arbres fruitiers. Si, par une fin de
journée d'automne, vous gravissez cette côte assez raide et si
vous en atteignez la dernière plate-forme, où des friches grises,
semées de genévriers et de prunelliers, bordent la lisière des
bois, vous embrassez d'un coup d'œil la fuite des collines
mamelonnées, les sinuosités des vallons, et vous saisissez l'ensemble de ce pays agricole et forestier, aux lignes sobres,
doucement monotones, qui fut jadis le Barrois et qui, avec le
Clermontois, le Verdunois et un coin des Ardennes, forme
aujourd'hui le département de la Meuse.*

*Là-haut, sous le ciel plus ample, par dessus l'ondulation
des champs moissonnés, le regard se perd dans un moutonne-
ment de lointaines feuillées. Il n'est arrêté, vers l'ouest, que
par les premiers contreforts de l'Argonne, pareils à de bleus
promontoires, surplombant une mer mystérieuse. Les crêtes
uniformes des modestes ballons du Barrois semblent l'asile
agreste où l'idéal s'est réfugié, où la poésie du terroir se
révèle aux initiés. Au printemps, l'anémone violette y
fleurit ; en été, l'alouette y chante ; à l'automne, les futaies
profondes, aux nuances d'or, de pourpre et de bistre, s'y
montrent dans toute leur sauvage beauté...*

*Sur ces plateaux, où l'air est plus léger et plus vif, vous
croyez errer dans le royaume du rêve et de l'enchantement ;
mais si vous redescendez vers le fond de la vallée, vous êtes
brusquement ramené à la réalité par le spectacle parfois*

vulgaire, toujours attachant néanmoins, du labeur campagnard. Des fumiers s'alignent au ras des maisons villageoises. L'air est tout résonnant du ronflement des batteuses, du heurt des maillets sur les douves des tonneaux, du halètement des pistons de l'usine, dont les cheminées pointent vers le ciel, et dont la cloche, de sa voix brève, règle le détail des rudes tâches quotidiennes. La rivière, salie par les déchets des tanneries, roule ses eaux troubles vers la ville prochaine, où des appels de clairons retentissent parmi les baraquements des casernes. C'est l'âpre concert d'une vie active, affairée et peineuse. Pourtant, à la fin de la journée, toutes ces rumeurs tapageuses se fondent et s'assoupissent. Les chevaux rentrent du labour ; le pâtre, drapé dans sa limousine, pousse, entre les aubépines du chemin, son troupeau vers les étables ; les hommes, l'outil sur l'épaule, se dirigent vers le village où les toits nimbés de fumée annoncent l'heure du souper. Des buées lilas rampent aux pentes des vignobles ; les cours d'eau reflètent la pourpre du couchant ; la cendre grise du crépuscule veloute les arêtes trop anguleuses et jette un voile embellisseur sur la vulgarité des détails. Dans le silence nocturne, à travers les vapeurs fuyantes, le lever de la lune ennoblit de sa féerie la prose de la vie de tous les jours.

A toute heure, en ce pays de céréales, de vignes et de bois, le long des molles chaînes de collines, parmi les fraîches vallées qu'arrosent la Saulx, la Biesme, l'Aire, l'Ornain, l'Othain, la Meuse, et cent ruisseaux ignorés, le tempérament et l'esprit de la race se marquent dans la configuration du pays, dans la flore, dans la qualité de l'air et de l'eau. Du sein des antiques forêts, du flanc des vignobles mûrissants, de la surface des plaines et des replis des vallons populeux, l'Ame meusienne s'exhale discrètement, subtilement, semblable aux bleuâtres fumées qui, le soir, montent des toits des villages.

Sensé, réfléchi et raisonneur, le Meusien met volontiers
en pratique la devise du chef-lieu de son département :
« Plus penser que dire. » Son territoire a, pendant des
siècles, servi de champ clos à de turbulents voisins. Rançonné
et pillé, tantôt par l'empereur d'Allemagne, tantôt par
les troupes de l'Altesse lorraine ou par celles du roi de
France, sans compter les incursions des maraudeurs étrangers :
Suédois ou Cravates, il a appris de bonne heure à veiller
sur ses actes et à peser ses paroles. Une douloureuse expé-
rience atavique l'a rendu méfiant et circonspect. Mais en
même temps que les noises des envahisseurs avivaient en lui
l'amour du sol natal, la vue des armes développait ses goûts
batailleurs, son génie militaire. Aussi la Meuse est devenue
une pépinière de vaillants soldats et d'ardents patriotes.
Sans parler de « la bonne Lorraine », Jeanne d'Arc, née près
de Vaucouleurs, et de la « Dame de Neuville », cette héroïne
du Verdunois, le pays meusien a été le berceau des Chevert,
des Oudinot, des Gérard, des Exelmans, et de tant d'autres
illustres hommes d'épée. Le vent glacé, qui souffle en hiver
sur les plaines, a trempé l'énergie et la volonté de nos
compatriotes, comme l'eau de nos ruisseaux trempe l'acier.
Le Meusien est dur à la peine et acharné au travail. Le
spectacle des fourmis — besognant dans les hautes fourmi-
lières qui se dressent à l'orée du bois, — lui a enseigné la
patience, l'industrie, et l'épargne. Sous des apparences
froides, il a la tête et le cœur chauds. D'humeur narquoise,
il ne manque ni de verve ni d'esprit — un esprit juste et
raillard, ayant la vivacité et le gai sifflet des merles de nos
taillis. — L'imagination seule lui fait défaut. Il n'est pas
insensible à la beauté des choses, mais il sait rarement créer
le Beau. Les terres fortes de notre département ne sont pas
fécondes en artistes; quand elles en ont produit un, elles se
reposent pendant des siècles. Depuis Ligier Richier, le génial

I

UNE AMAZONE MEUSIENNE

MME DE SAINT-BALMONT

Un matin de mars 1659, à l'aube pâle, les dernières étoiles clignotant encore dans le ciel, on heurtait à la lourde porte du couvent des Clarisses, à Bar-le-Duc.

Et par l'huis entrebâillé, la sœur tourière vit un spectacle étrange : en présence de deux demoiselles impuissantes à retenir leurs larmes, une femme de cinquante ans environ, en habits de guerre, la tête couverte d'un large chapeau retroussé par un cordon de perles et orné de longues plumes, bottée, éperonnée, remettait à un jeune gentilhomme son cheval harnaché, son épée et ses pistolets.

Le gentilhomme s'éloigna.

La femme et les deux demoiselles pénétrèrent chez les religieuses de Sainte-Claire. Et la massive porte se referma. Quelques minutes après, toute la communauté assemblée, le femme se prosternait aux pieds de l'abbesse et disait : « Mes révérendes Mères, je vous supplie de recevoir parmi vous une pauvre et misérable pécheresse. »

L'humble pécheresse était la riche Alberte-Barbe d'Ernecourt, dame de Saint-Balmont.

. .

« Ce fut en 1638, si je ne me trompe, — écrit dans ses *Mémoires* l'abbé Arnauld — que j'eus l'honneur de connaître cette amazone de nos jours, Mme la comtesse de Saint-Balmont, dont la vie a été un vrai prodige de valeur et de vertu, ayant rassemblé en sa personne toute la fierté d'un soldat déterminé et toute la modestie d'une femme véritablement chrétienne. La moitié de ce témoignage lui fut rendu en ma présence par quelques soldats espagnols, qu'elle avait pris à la guerre, et qu'elle avait envoyés à Verdun au gouverneur, M. de Feuquières, lequel leur ayant demandé en riant s'ils avaient en leur pays des femmes aussi vaillantes que celle-là, l'un d'eux prit la parole et répondit furieusement : *qu'il ne la prendrait jamais pour une femme, et qu'il lui avait vu faire des actions d'un soldat furieux.* »

Et l'abbé Arnauld ajoute :

« Ceux qui liront ces Mémoires ne seront peut-être pas fâchés de savoir un peu plus particulièrement des nouvelles d'une femme si extraordinaire. »

Contons donc, après Tallemant des Réaux ; après l'abbé Arnauld ; après le père Jean-Marie, religieux pénitent du Tiers-Ordre de Saint-François ; après le

Père des Billons, de la Compagnie de Jésus; — en
nous servant de leurs intéressants travaux, mais en
utilisant aussi des documents inédits qu'a bien voulu
nous communiquer M. le comte de Nettancourt, un
de ses descendants, — contons l'histoire authentique
et merveilleuse de Mme de Saint-Balmont (1).

* *

Alberte-Barbe d'Ernecourt naquit à Neuville-en-
Verdunois (2) le 14 mai 1607. Elle était fille de
Simon d'Ernecourt, seigneur dudit Neuville, cham-
bellan de S. A. Henri, duc de Lorraine, et de
Marguerite de Housse de Watronville, et nièce de
Gilles d'Ernecourt(3), baron de Thuillères et de Mon-

(1) La biographie de Mme de Saint-Balmont, écrite par le Père Jean-
Marie, est intitulée : *L'Amazone chrétienne*. C'est un in-12 de 312 pages,
sans compter l'Épître dédicatoire, l'Avertissement et la Table des cha-
pitres. *L'Amazone chrétienne* parut en 1678. « Cet ouvrage est rare, dit
l'abbé Hippolyte Jeannin (*Annuaire de la Meuse*, 1863) et peu connu ;
il n'en est fait mention dans presque aucun des catalogues les mieux
fournis de ce qui appartient à l'Histoire de France ; il contient cependant des faits curieux et intéressants. »

Les *Mémoires* de l'abbé Arnauld furent imprimés en 1756. L'*Histoire
de la vie chrétienne et des exploits militaires d'Alberte-Barbe d'Ernecourt
de Saint-Balmont* fut publiée en 1773, — à Liège, croyons-nous.

Il importe de signaler également le récit de M. Achille Henriot, récit
qui, sous ce titre : *La Dame de Neuville*, figure dans les *Chroniques Lor-
raines du temps de Charles IV* (2 vol. Contant-Laguerre, éditeur, Bar-
le-Duc). Ce récit, très mouvementé, d'un style fort alerte, relève mal-
heureusement de la légende beaucoup plus que de l'Histoire.

(2) Neuville-en-Verdunois fait partie de l'arrondissement de Commercy et du canton de Pierrefitte. C'est un village de 242 habitants.

(3) La maison d'Ernecourt, aujourd'hui éteinte, était de l'ancienne
chevalerie de Champagne. Une branche de cette noble famille s'était
établie dans le Verdunois, vers le milieu du xvie siècle. Elle portait
d'azur à trois pals abaissés d'argent, et en chef trois étoiles d'or (*Revue
d'Austrasie*, Metz, 1838).

treuil, marié le 4 octobre 1610 à Élisabeth de Nettancourt.

Une partie de son enfance s'écoula au château d'Étrepy près Vitry-le-François, chez sa tante et marraine, Barbe d'Ernecourt, femme de Varin de Nyvenheim ; elle fit aussi de fréquents séjours au château de Nettancourt.

Son frère Nicolas, objet des préférences paternelles, étant mort en bas âge, la fille de Simon d'Ernecourt devint l'unique héritière des biens de sa maison. Le Père Jean-Marie assure qu'elle était pourvue de *mille agréments, qui la faisaient aimer et rechercher de tout le monde* et que *ces agréments ne la quittèrent jamais* (1).

Après quatorze années vécues au château d'Étrepy, Alberte-Barbe fut mariée le 29 février 1624, à Jean-Jacques de Haraucourt (2), seigneur de Saint-Balmont, général des armées du duc Charles IV, fils du premier mariage de Jacob de Haraucourt, grand écuyer de Lorraine, et d'Elisabeth de Reinach.

M. de Saint-Balmont lui donna trois enfants, deux garçons et une fille. L'aîné ne vécut que deux ou trois jours. Le cadet, né en 1630, mourut à quatorze ans. Quant à Marie-Claude, elle épousa, toute jeune, en 1646, le sénéchal de Lorraine Louis des Armoises, damoiseau

---

(1) *Jamais* est peut-être un peu beaucoup dire. Mme de Saint-Balmont eut en effet la petite vérole, et son gracieux visage en garda des traces assez profondes. Il est vrai qu'elle se réjouissait d'en être marquée, disant qu'elle serait plus semblable à un homme.

(2) Les de Haraucourt appartenaient à l'une des quatre principales Maisons de l'ancienne chevalerie lorraine, connue sous le nom de Grands Chevaux.

de Commercy, seigneur de Fougerolles, de Jauny et aultres lieux.

Ce n'était pas précisément un mari modèle que M. de Saint-Balmont. Mais il nous importe peu, et nous nous bornerons à signaler ses prodigalités, parce qu'elles coûtèrent cher à sa femme. En cinq ou six années, il réussit à dissiper son patrimoine — un patrimoine fort coquet — et à s'endetter de quelque deux ou trois cent mille livres barrois.

Mme de Saint-Balmont, qui aimait beaucoup cet époux volage, turbulent et joueur, avait consenti, bien malgré elle, à la séparation de biens. Mais elle se sacrifia pour payer les dettes de son mari, et d'un cœur léger renonça à la cour, au monde, à tout ce qui pouvait séduire une femme jeune et belle. A vingt-trois ans, Mme de Saint-Balmont se retirait dans son château de Neuville-en-Verdunois et s'occupait de... faire des économies pour venir en aide à monsieur son époux.

Elle avait fort à pourvoir. Car M. de Saint-Balmont ne se contentait pas de jouer et de mener joyeuse vie. Il entretenait à ses frais. c'est-à-dire à ceux de Barbe d'Ernecourt, un beau régiment de cavalerie. Et il n'était pas moins imprudent que brave (1) En 1633 un rhingrave passant par la Lorraine à la tête de cinq cents cavaliers suédois, M. de Saint-Balmont l'attaqua; il perdit, hélas! la bataille et fut fait prisonnier. Coût pour sa femme : vingt-deux mille livres, la rançon

(1) Il ajoutait l'insolence à la témérité, dit l'abbé Arnauld, puisque, à chaque coup de canon qu'on lui tirait, il paraissait aux fenêtres d'un château qu'il défendait, avec des violons qui jouaient à ses côtés.

ayant été fixée à ce chiffre. De plus, Mme de Saint-Balmont « remit en équipage » son mari.

Deux ans plus tard, la guerre ayant été déclarée entre la maison de France et la maison d'Autriche, M. de Saint-Balmont « à qui sa femme, dont le cœur était français, n'avait pu inspirer ses sentiments », mit son régiment de cavalerie au service de l'Empereur. Il jouait de guignon, car une seconde fois il tomba aux mains de l'ennemi, qui exigea quarante mille livres pour lui rendre la liberté. Le sourire sur les lèvres, Mme de Saint-Balmont versa la somme. Elle avait dû vendre, cependant, pour la parfaire, la plus grande partie de ses chevaux, ses troupeaux de vaches et de moutons, le bon tiers de ses meubles, toute sa vaisselle.

Et comme la dame devait secourir, outre son mari, son beau-frère, chevalier de Malte, et sa belle-sœur, chanoinesse de Remiremont, elle fut contrainte de se retirer à l'abbaye de Bouxières près Nancy, chez une tante, Mme de Chérisey, abbesse de ce couvent.

Lorsque, au bout de quelques mois, ayant fait des prodiges d'économie, elle réintégra son château de Neuville, Mme de Saint-Balmont trouva la contrée dévastée par la guerre et la peste, les champs ravagés, les paysans en proie à la plus hideuse misère.

Sa charité, son inépuisable bonté s'exercèrent à Neuville et aux environs. Elle porta de l'argent dans les tristes cabanes où agonisaient les « manants » ; mieux encore, elle leur prodigua ses soins, paya de sa personne, s'assit au chevet des mourants, réconforta

MADAME DE SAINT-BALMONT (1)

(1) D'après un tableau, d'environ quatre mètres carrés, peint par
Durnet (né en 1588, mort en 1660). Ce tableau se trouve dans le château de Thillombois, qui appartient à M. de Nettancourt. Il représente
Mme de Saint-Balmont et divers épisodes de la vie de l'héroïne, ses che-
vauchées et combats contre les bandes de Cravates. A droite, on dis-
tingue le château de Neuville-en-Verdunois ; au milieu, l'ancien château
de Thillombois ; dans le fond, on aperçoit la chapelle du pèlerinage de
Benoîtevaux où était la statue miraculeuse de la Vierge que Mme de
Saint-Balmont avait emportée chez elle pour la mettre à l'abri des héré-
tiques.

de sa grâce et de ses écus tout ce peuple de gens sur qui s'acharnait le Destin.

L'épidémie la préserva ; Mme de Saint-Balmont connut la joie d'avoir arraché à la mort des centaines de pauvres hères.

La peste disparut.

Restait la guerre.

La vaillante femme décida qu'elle protégerait les paysans de Neuville contre l'ennemi, qu'elle les soutiendrait de l'acier de son épée comme elle les avait soutenus de l'or de son escarcelle.

M. de Saint-Balmont, aux instants de loisir que lui laissaient les combats ou le jeu et qu'il passait au château de Neuville, avait fait de sa femme un cavalier accompli. Sous l'habile direction de ce maître écuyer, Mme de Saint-Balmont avait appris à dompter les plus fougueux chevaux ; à sauter les obstacles, haies, chemins creux et ruisseaux ; à manier l'épée comme un gentilhomme ; à arquebuser au galop, à trente pas. une tête de poupée. Elle accompagnait son mari dans ses chasses à courre et devenait excellente amazone.

Bref, cette femme « de cœur et de tête » était merveilleusement préparée à devenir « femme de main » et à affronter les périls de la guerre lorsque, vers ce malheureux pays de Lorraine sis entre deux nations ennemies, se ruèrent non seulement les Français, mais des bandes de maraudeurs, armés jusqu'aux dents, et désignés sous le nom de Cravates.

Dès maintenant nous allons voir Mme de Saint-Balmont lutter — avec quel héroïsme ! — et contre des troupes organisées, et contre les malandrins.

« ... Un officier de cavalerie — rapporte l'abbé Arnauld — vint faire un logement sur ses terres et y vécut avec assez de désordre. Mme de Saint-Balmont. avec beaucoup d'honnêteté. lui envoya des plaintes qu'il reçut fort mal, ce qui l'ayant piquée, elle résolut d'en tirer raison elle-même, et ne consultant que son vaillant cœur elle lui écrivit un billet qu'elle signa : *Le Chevalier de Saint-Balmont*. Dans ce billet, elle lui marquait que le mauvais traitement qu'il avait fait à sa belle-sœur l'obligeait à s'en ressentir et qu'il le voulait voir l'épée à la main. Le capitaine accepta le défi et se rendit au lieu qui lui avait été marqué. Là. Mme de Saint-Balmont l'attendait en habit d'homme. Ils se battirent. elle eut l'avantage sur lui et. après l'avoir désarmé, elle lui dit galamment : « Vous avez cru, « Monsieur, combattre contre le Chevalier de Saint-« Balmont, mais c'est Mme de Saint-Balmont qui vous « rend votre épée et qui vous prie d'avoir à « l'avenir plus de considération pour les prières des dames. » Elle le quitta après ces mots. rempli de confusion et de honte, et l'histoire ajoute qu'il s'absenta aussitôt et qu'on ne l'a jamais revu depuis. »

Le trait, qui enthousiasma l'abbé Arnauld, est du domaine de la légende. Il le faut rayer, quoi qu'il en coûte, de la vie de Mme de Saint-Balmont, qui compte à son actif assez d'autres exploits authentiques.

Ce qui est plus certain. ce qui l'est même tout à fait, c'est que Mme de Saint-Balmont portait des habits d'homme, et nous l'avons vue, au début de cette étude, en appareil guerrier, heurter du marteau la porte du couvent des Clarisses.

Écoutons Tallemant des Réaux qui a laissé ce portrait de Mme de Saint-Balmont :

« Elle a d'ordinaire un chapeau avec des plumes bleues ; le bleu est sa couleur. Elle porte ses cheveux comme les hommes, un justaucorps, une cravate, des manchettes d'homme, un haut-de-chausses, des souliers d'homme et fort bas ; car elle ne veut pas passer pour plus grande qu'elle n'est, et elle est si brusque qu'elle ne pourrait pas sans danger se chausser comme les femmes. Elle porte une jupe par-dessus son haut-de-chausses, elle a toujours l'épée au côté et les pistolets à l'arçon de sa selle : mais, quand elle monte à cheval elle quitte sa jupe et prend ses bottes... Elle a la voix et la mine d'un homme, à la barbe près ; mais elle paraît jeune, quoiqu'elle ne le soit pas : elle a les actions et les révérences d'un homme... »

L'abbé Arnauld déclare que « la beauté de son visage (en 1638) répondait à celle de son âme », mais que « sa taille ne répondait pas à sa beauté, étant petite et assez grossière ». (1)

Un peu plus loin, l'abbé insiste : « Je l'ai vue diverses fois chez Mme de Feuquières à Verdun : et c'était une chose assez plaisante de voir combien elle était embarrassée en habit de femme et avec quelle liberté et quelle vigueur, après l'avoir quitté hors de la ville, elle montait à cheval et servait elle-même

---

(1) Ce qui provoque cette remarque de l'abbé Jeannin : « L'auteur veut dire une taille un peu ramassée ; mais comme elle ne paraissait à Verdun qu'avec un habit guerrier sous celui de femme, M. l'abbé n'a pu lui trouver en effet la taille fine » (*Annuaire de la Meuse*, 1863, p. 64).

d'escorte aux dames qui l'accompagnaient, et qu'elle avait laissées dans son carrosse. »

Mme de Saint-Balmont avait l'habitude de revêtir trois vêtements différents qui, disait-elle, représentaient admirablement bien l'état de son âme. Donc, elle portait un vêtement de *femme*, d'abord, parce qu'on devait la considérer comme une femme : mais, au-dessous, elle portait une tunique de l'Ordre tertiaire de Saint-François, parce que son cœur était *dévot :* et souvent elle enlevait sa jupe pour paraître comme un homme avec des pantalons masculins, et cela en signe de son courage viril.

Avec cette maîtresse femme, Français, Suédois, Espagnols et Cravates (1) avaient fort à faire. « Les coureurs, en effet, ne trouvaient pas leur compte auprès d'elle qui les repoussait vertement. Sitôt qu'on lui faisait savoir qu'ils allaient piller les chevaux et le reste, on la voyait à cheval et sous les armes ; elle les chargeait de si bonne façon et si rudement qu'ils n'y revenaient pas. »

Elle avait formé à Neuville un petit corps d'infanterie, une soixantaine de paysans, commandés par

(1) Les Cravates formaient des bandes composées de Lorrains, d'abord, puis de la lie de toutes les armées, sans distinction de nationalité. Ces gens sans aveu se disaient soldats du duc Charles IV. Souvent, les généraux de Louis XIII durent s'arrêter devant les places fortes et châteaux qui servaient de nids à ces vautours et d'où ils se répandaient sur les campagnes voisines. Les Cravates avaient occupé le château de Moyen, à six lieues de Nancy. Du Hallier, avec cinq mille hommes, assiégea les Cravates qui ne tinrent pas moins de sept semaines. Bien montés, bien armés, — et protégés par un charme contre les blessures, disaient les paysans — les Cravates guettaient les convois, attaquaient les arrière-gardes des armées et détroussaient les passants qui se risquaient sur leur route.

Manheulles, ou Manheule, jadis capitaine dans le
régiment de M. de Saint-Balmont. Manheulles exerçait
ces hommes au métier des armes. Quant à la cavalerie
de Mme de Saint-Balmont, qu'elle commandait en
personne, elle se composait des domestiques et de
quelques volontaires qui s'étaient réfugiés au château
de Neuville. L'amazone avait, d'ailleurs, une maison
complète, possédant à son service une quarantaine de
personnes : un aumônier, neuf ou dix gentilshommes,
un médecin, deux secrétaires, trois ou quatre dames de
compagnie, un chirurgien-apothicaire, un peintre, un
valet de chambre, quatre laquais, quatorze ou quinze
palefreniers. C'étaient, ordinairement, les palefreniers
qui montaient à cheval avec leur maîtresse et couraient
sus aux Cravates.

Durant vingt-deux ans, de 1636 à 1658, avec ses
cavaliers et les fantassins du brave Manheulles, Mme de
Saint-Balmont tint la campagne. En plus de vingt
rencontres elle triompha de l'ennemi.

Au haut du clocher de Neuville, il y avait en permanence un soldat de Manheulles qui faisait senti-
nelle. Les Cravates ou les Espagnols apparaissaient-ils
à l'horizon, l'homme sonnait aussitôt le tocsin, Mme de
Saint-Balmont faisait sortir les chevaux, et la petite
troupe volait au secours des paysans inquiétés.

Le premier jour de mai 1636, temps où Mme de
Saint-Balmont n'était pas encore bien connue des
troupes françaises, cent cavaliers de M. de Brissac
et du baron de Guitaut viennent enlever les troupeaux du village. L'amazone, accompagnée de son
beau-frère, le chevalier de Haraucourt, et de ses

cavaliers. fond sur eux et les met en déroute, après avoir fait elle-même deux prisonniers. Un coup de feu lui avait enlevé son chapeau, un deuxième l'avait blessée au bras gauche : son buffle en avait amorti trois autres.

L'année suivante, elle tombe sur les Lorrains du marquis de Blainville, qui jetaient la consternation dans la contrée, et les disperse. L'intrépidité dont Mme de Saint Balmont fit preuve en cette circonstance excita à un si haut point l'admiration des généraux français et espagnols, qu'ils recommandèrent à leurs soldats de *se garer des terres de l'héroïne, s'ils ne voulaient être bien frottés.*

Un jour, quelque paysan vient avertir Mme de Saint-Balmont du danger que court une « jeunesse » de Neuville d'être enlevée par quatre cavaliers épris de ses charmes. Suivie d'une demi-douzaine de ses gens, elle se dirige au galop vers le village et se rue sur les quatre cavaliers qui prennent aussitôt la fuite, non sans avoir déchargé leurs pistolets contre les assaillants.

Mme de Saint-Balmont, heureusement, ne fut point atteinte.

Aux Cravates elle ne faisait pas de quartier. Tallemant des Réaux affirme que — de 1636 à 1658 — notre héroïne n'en tua ou n'en prit pas moins de *quatre cents.* Un jour qu'elle poursuivait un de leurs chefs, Mme de Saint-Balmont creva deux chevaux.

Que de fois, au cours de cette année 1637, eut-elle à lutter contre les chefs de bandes Laplume et Duchesne! On n'en saurait dire le nombre. Laplume et Duchesne n'avaient pas leurs pareils pour détrousser les marchands de vaches ou de moutons, et leur enlever leurs bestiaux. Mme de Saint-Balmont allait braver les chefs de Cravates au plus touffu des bois, les défiait au combat, leur reprochait leur lâcheté. Et avec ses palefreniers déguisés en cavaliers, elle les forçait à abandonner leur butin. D'autres jours, la dame de Neuville attaquait à l'improviste Duchesne et Laplume. Un matin, suivie de cinq ou six hommes seulement. elle leur donna la chasse jusqu'à cinq ou six lieues de Neuville. Sur le point d'être atteint, Duchesne se jeta à bas de son cheval et se cacha si bien dans la forêt qu'il fut impossible de retrouver sa trace. Laplume avait prudemment faussé compagnie à son acolyte, dès le début de la course.

Désormais, on n'entendra plus parler, aux environs de Neuville, de l'un ou de l'autre.

Mme de Saint-Balmont, ce jour-là, poussa jusqu'à Fresnes-en-Woëvre. Un lieutenant de Duchesne, nommé Lachasse, s'était réfugié dans ce bourg pour y panser quelques blessures. Mme de Saint-Balmont. que l'on avait instruite de la présence du lieutenant, monte seule à la chambre où reposait ce dernier : *Il faut mourir*, lui dit-elle, le pistolet au poing. Et se saisissant de Lachasse, elle lui fait dégringoler l'escalier. Garrotté, le brigand est conduit à Bar. Son procès fut bientôt fait. Au carme déchaussé qui l'assistait à ses derniers moments, Lachasse confiait : « Ma plus grande peine n'est pas d'être pendu ; c'est d'avoir été pris par une femme. »

Quelques jours après, pour s'entretenir la main.

Mme de Saint-Balmont faisait six prisonniers cravates et, le lendemain, deux prisonniers français — dont le maréchal des logis commandant la compagnie. A ces derniers, parce que Français, elle se contenta de dire, en leur rendant la liberté : « Messieurs, je vous prie de ne plus faire de visites sur nos terres. »

Si elle était le bon ange des gens de Neuville-en-Verdunois, Mme de Saint-Balmont était parfois, nous l'allons voir, assez mal secondée par eux. Trois habitants du village ayant été pris par un parti de soixante Espagnols, l'amazone avait réussi, pour tirer vengeance de l'ennemi, à former, parmi les paysans, une troupe de *cent quatre* fantassins, sous les ordres de Manheulles, et de *seize* cavaliers. Jamais la dame de Neuville n'avait disposé d'une armée aussi forte. On se mit en route à la nuit noire, après avoir récité dans la chapelle du château les Litanies de la Vierge, pour gagner le village d'Oinville, distant de six ou sept lieues, les Espagnols s'étant réfugiés là. A quelque distance d'Oinville, plus de la moitié de la troupe avait bravement déserté. Mme de Saint-Balmont ne se décourage pas pour si peu. Au petit jour, elle fait cerner le village et s'élance seule — au témoignage du Père Jean-Marie — vers une maison qui abrite dix-sept Espagnols. Bien qu'atteinte de deux coups de feu, elle étend raide mort le capitaine.

« Aussitôt, dit le Père Jean-Marie, on entend crier de tous les côtés de la chambre : *Quartier! quartier!* — *Je vous l'accorde,* répond l'héroïne, *mettez bas les armes.* On obéit. Alors, les habitants de Neuville, devenus furieux, de consternés qu'ils étaient un moment auparavant, se précipitent en foule et veulent faire main basse sur les vaincus. Leur dame s'avançant contre eux : « *Je tue*, leur dit-elle d'un ton majestueux et terrible, *le premier de vous qui fait mine d'attenter à la vie de ces hommes désarmés : ils sont maintenant sous ma protection.* »

Cette fois, en dépit du peu de courage des gens de Neuville, l'ennemi perdit une dizaine d'hommes, et Mme de Saint-Balmont seulement deux de ses guerriers. Elle gagna vingt armes à feu, dix-huit épées, des bonnets fourrés. Sept prisonniers espagnols furent envoyés à Verdun. C'était l'un d'eux qui, nous l'avons dit au début de cet article, interrogé par le gouverneur de Verdun, M. de Feuquières, sur la vaillance de Mme de Saint-Balmont, répondit : « Je ne la prendrai jamais pour une femme, car je lui ai vu faire des actions d'un soldat furieux. » Un autre déclara qu'elle était, à n'en pas douter, l'*homme* le plus terrible de France (1).

(1) Il est curieux de voir une femme (et c'était précisément Mme de Saint-Balmont) figurer en qualité de témoin, dès le xviie siècle, dans un « traité de mariage ». C'est qu'on la considérait comme un *homme*.

Nous lisons en effet dans les *Titres de la maison de Rarécourt de La Vallée de Pimodan*, publiés par Alphonse Roserot, ancien archiviste de la Haute-Marne (Plon-Nourrit, Paris, 1903) :

« 7 juillet 1647.

« *Contrat de mariage entre Christophe de La Vallée et Catherine de Cherisey, sa seconde femme.*

« Traité de mariage passé au château de Gibomey, le 7 juillet 1647, devant De Labarre, notaire, entre Messire Christophe de La Vallée, seigneur dudit lieu, Bouc et Jubainville en partie, chevalier de l'ordre du Roy et lieutenant pour Sa Majesté au gouvernement de Toul, et honorée dame Catherine de Cherisey, fille de feu Messire Jean de Cherisey, chevalier, seigneur de Mesnil la Tour, Tillombois et Couronne

Le soir même du combat, Mme de Saint-Balmont avait regagné Neuville et soupait tranquillement à son château.

Nous n'en finirions pas si nous entreprenions de narrer, d'après ses biographes, les exploits de la dame de Neuville. Pourtant il faut bien dire que Mme de Saint-Balmont, non seulement était brave jusqu'à la témérité, mais qu'elle était rusée comme les grands capitaines. Quelques-uns même des Pères, ses biographes, se demandent si les supercheries dont elle usait furent de bon aloi. C'est peut-être pousser un peu loin le scrupule. Le Père Jean-Marie, lui au moins, est d'avis que « les ruses de guerre ne méritent que des éloges, quand elles ont pour motif la défense des peuples opprimés ».

Ceux de nos lecteurs qui seraient curieux de connaître par le menu les hauts faits de Mme de Saint-Balmont n'ont qu'à se reporter aux récits du P. des Billons et du P. Jean-Marie, déjà cités. Ils admireront comme il convient le *raid* de Neuville à Gorze (les deux villages distants de douze ou treize lieues) accompli par Mme de Saint-Balmont, qui mit en fuite une bande de quarante Cravates et leur reprit tous les

(Couvonvre), assistée de Messire Gabriel de Cherisey, chevalier, seigneur du Mesnil la Tour, Issoncourt et Dalmaque (*sic*), son oncle, et de haute et puissante dame Alberte-Barbe (d') Ernecourt, (dame) de Saint-Balmont, Neuville, Gilbemey, etc. Par ce contrat, ledit futur époux s'engagea de faire incessamment l'inventaire des biens de communauté, pour en faire part aux enfants qu'il avait eus de dame Louise de Comitin, sa première femme, etc. »

« Grosse en papier, signée : « LA BARRE. »

Archives Pimodan : « Extrait des titres servant à la preuve de noble Pierre-Christophe de la Vallée Pimodan, présenté de minorité. »

chevaux volés par eux. Ils la verront défendre héroï-
quement un convoi que l'on menait au duc d'Enghien,
le vainqueur de Rocroi, alors occupé du siège de
Thionville. Ils la verront encore arracher aux Cravates
le maître de poste d'un village voisin de Neuville, et
les faire tous prisonniers.

Quel charme, quelle douceur, après cela, de
retrouver la dame de Neuville parée de toutes les
qualités qui font la femme si séduisante! Le cœur se
fond à l'énumération de ses vertus.

Ardente jusqu'à la fureur dans les combats, Mme de
Saint-Balmont était, dans sa maison, d'une bonté,
d'une charité, d'une modestie que se sont plu à louer
tous les chroniqueurs. Elle n'était intraitable que sur
le chapitre de la piété et de l'obéissance aux comman-
dements de l'Église. Ses domestiques se confessaient
et communiaient tous les quinze jours. Tous les
samedis l'on jeûnait au château. Personne, chez elle,
hors le cas de maladie, ne mangeait de viande le mer-
credi. A la Toussaint, elle habillait douze miséreux;
le jeudi saint, elle lavait les pieds à douze veuves.

Les terres de Mme de Saint-Balmont lui rapportaient,
en moyenne année, quatorze mille boisseaux de blé
— mesure de Lorraine. La moitié allait aux gens peu
fortunés de Neuville, de Courouvre, de Longchamps,
aux communautés indigentes de Bar-le-Duc, de Verdun, de Saint-Mihiel. Il n'y avait pas, à proprement
parler, un pauvre à Neuville, et la population de ce
village tripla en vingt ans, de 1638 à 1658. Aux jours

mauvais, les habitants du lieu se réfugiaient dans le château de leur dame, où ils trouvaient de quoi vivre, — les étables renfermant plus de cinquante vaches et de sept à huit cents moutons.

Mieux encore : l'ennemi rencontrait, au château de Neuville, tous les soins. Un hospice y était installé où étaient indistinctement admis Français, Lorrains, Espagnols. Chefs et soldats, tout à l'heure avides de carnage, oubliaient là les haines de races et se sentaient frères. Mme de Saint-Balmont venait visiter et réconforter ceux-là même qui, un instant auparavant, eussent donné leur vie pour lui ravir la sienne à coups de pistolet ou de mousquet. Et ce lui était une joie de panser elle-même leurs blessures, de veiller à leur chevet.

Nul autant que Mme de Saint-Balmont ne savait pratiquer l'oubli des injures et rendre le bien pour le mal. Un gentilhomme ruiné, qu'elle avait à plusieurs reprises secouru, allait blâmant partout la conduite de sa bienfaitrice. Elle se vengea de lui, dès qu'elle en fut instruite, par des largesses nouvelles. Et quelqu'un lui représentant qu'elle devrait au moins faire sentir à l'ingrat la noirceur de ses procédés, Mme de Saint-Balmont répliqua : « Vous vous trompez ; le fruit de ma charité serait ainsi perdu ; j'ai appris de saint Paul qu'il fallait amasser des charbons ardents sur la tête de ses ennemis. »

Ses vertus, au moins autant que sa bravoure, avaient rendu son nom fameux, non seulement aux environs de Neuville et en Lorraine, mais dans une grande partie de la France. On assure que Louis XIII désirait ardemment connaître Mme de Saint-Balmont, ayant souvent ouï parler d'elle, avec l'admiration la plus vive, par les généraux de ses armées. Il chargea M. de Feuquières, gouverneur de Verdun, de lui offrir de sa part, pour en disposer à son gré, une compagnie de cavalerie et une d'infanterie. Elle refusa ce moyen de se couvrir de gloire à la tête de soldats expérimentés et disciplinés. « Mes gens me suffisent, dit-elle à M. de Feuquières ; mon ambition se borne toute à leur apprendre à secourir les malheureux et à empêcher qu'ils le deviennent eux-mêmes. » Le grand Condé, le duc d'Angoulême, qui commandait l'armée française dans le pays messin, ne savaient quelles marques d'estime et de déférence lui donner. Un jour, elle se présenta à l'audience de Condé pour se plaindre des vexations dont était l'objet un gentilhomme de ses parents. La nouvelle de l'arrivée de l'héroïne s'étant aussitôt répandue dans le camp français, quatre cents officiers vinrent se ranger respectueusement sur son passage. Ils la suivirent. et ce fut au milieu de ce brillant cortège que Mme de Saint-Balmont parut à l'audience du vainqueur de Rocroi.

Tant de suffrages glorieux accordés à son mérite ne l'enivrèrent point. Sa modestie était à l'abri des plus flatteuses démonstrations.

Nous disions tout à l'heure que Mme de Saint-Balmont était très pieuse, qu'elle entendait chaque matin deux messes à sa chapelle, qu'elle passait quotidiennement quatre heures en oraisons. Elle avait un culte spécial pour la Vierge. En plein bois, à quelque distance de Neuville, entre Verdun, Saint-Mihiel, Bar-le-

Duc et Clermont. se trouvait un lieu de pèlerinage déjà fameux, la chapelle de Benoîte-Vaux, consacrée à la Vierge qui y avait sa statue. Les Cravates, qui se pouvaient cacher dans la forêt, avaient maintes fois pillé la chapelle ainsi que les maisons des religieux Prémontrés qui l'entouraient et la desservaient. Alarmée de ces profanations, Mme de Saint-Balmont se détermina à aller quérir à Benoîte-Vaux la statue de la Vierge pour la mettre en sûreté dans son château. Peut-être aussi la dame de Neuville avait-elle le dessein d'attirer sur elle-même et sur ses terres, d'une façon plus directe, moins lointaine, la protection de la Vierge, encore que — elle le dit elle-même — Mme de Saint-Balmont ne fût pas « d'humeur à croire légèrement les miracles ». Le 24 juin 1638, les religieux de Benoîte-Vaux virent arriver une procession. L'aumônier du château marchait en tête, suivi de Mme de Saint-Balmont, de quelques gentilshommes et des gens de Neuville. La statue de la Vierge, « en pierre fort massive, et de la hauteur d'un enfant de cinq ans ». fut enlevée de la chapelle et portée sur les épaules au château de Neuville. Elle ne fut restituée à Benoîte-Vaux qu'en 1641, le jour de l'Annonciation de Notre-Dame. Mme de Saint-Balmont assure (elle nous a laissé un récit de la translation de la statue) que, dans ces trois ans, il s'accomplit au château plusieurs miracles. Il faut reconnaître cependant que l'image de Notre-Dame n'empêcha pas les Cravates « ennemis des poules et des vaches » — comme dit encore l'héroïne — de ravager les terres de Neuville.

Ce n'était pas faute d'être suppliée en latin, en fran-

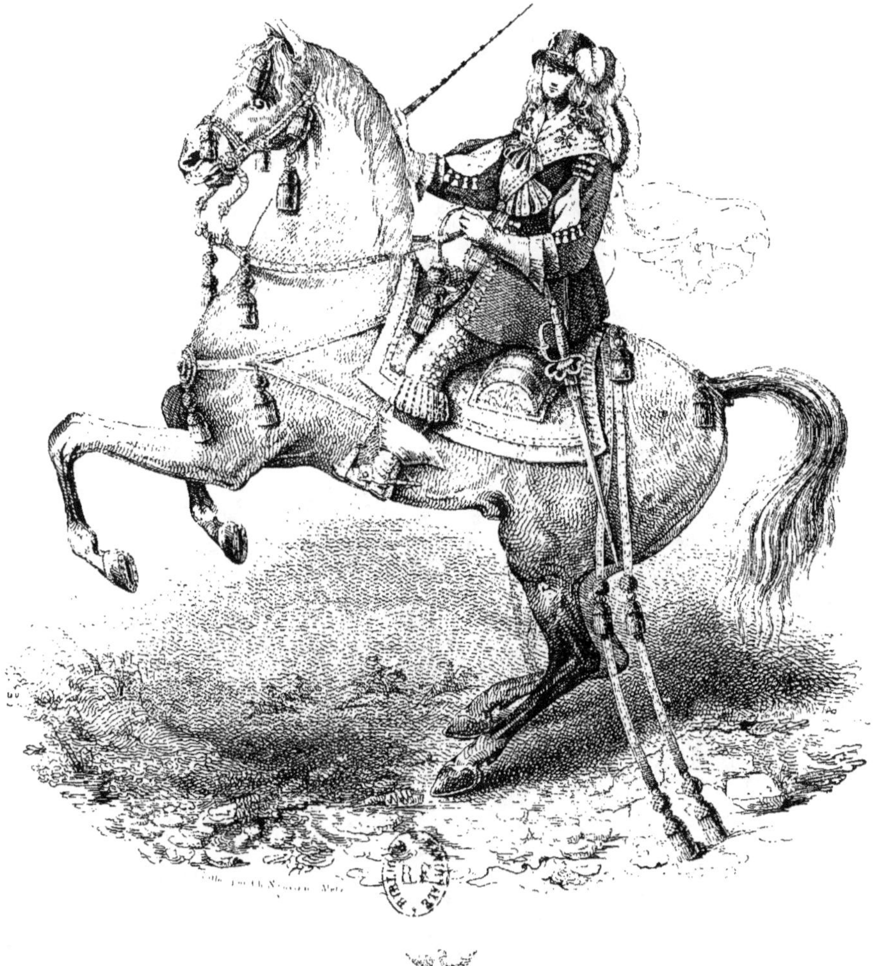

BARBE ALBERTE d'ERNECOURT DAME de SAINT BALMONT.

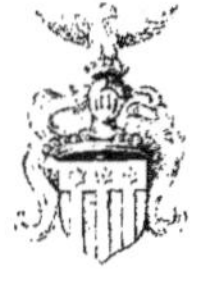

3

çais, et... en musique. Mme de Saint-Balmont, qui était très bonne musicienne et jouait supérieurement du luth, composa des hymnes en l'honneur de Notre-Dame. Elle les chantait avec ses gens dans la chapelle du château. Et comme les musiciens sont souvent poètes, la châtelaine de Neuville, quand les Cravates lui laissaient répit, faisait des vers ! « Les tragédies en vers qu'elle a composées sur la mort de Jésus-Christ, sur le martyre des saints Marc et Marcellin et sur celui de sainte Godelaine sont des pièces fort estimées », écrit le père Jean-Marie. La tragédie des saints Marc et Marcellin fut représentée en public, croyons-nous. Il en est parlé avec éloges dans la « Bibliothèque des théâtres » de M. Maupoint, qui l'annonce sous ce titre : *Les Jumeaux*, et dit qu'elle parut en 1650 (1).

Mme de Saint-Balmont, on le voit, était une femme complète.

Dans les premiers mois de l'année 1659, la paix était enfin rendue à la Lorraine.

Mme de Saint-Balmont avait alors cinquante-deux ans. Elle avait guerroyé pendant près d'un quart de siècle et se sentait lasse. De plus, le malheur ne l'avait pas épargnée. Son fils, qui faisait ses études au collège de Bar-le-Duc, avait été emporté par la petite vérole à

(1) Dans sa vaste Histoire de Lorraine, Dom Calmet ne dit pas un mot de Mme de Saint-Balmont. Il parle d'elle seulement dans sa « Bibliothèque des auteurs lorrains », et c'est pour dire, sans spécifier davantage, qu'elle s'est trouvée en plus de trente rencontres, de 1636 à 1643, et qu'elle était fort estimée du prince de Condé, des maréchaux de Guébriant, de Gassion, de l'Hôpital, de la Ferté, etc.

l'âge de quatorze ans, en 1644. Quelques semaines
après, M. de Saint-Balmont était tué à la tête de ses
troupes, par les Suédois, dans le Luxembourg. Sa femme,
tombée très dangereusement malade à la nouvelle de
la mort de l'enfant, avait été reprise de la fièvre. Sauvée
à force de soins, Mme de Saint-Balmont avait, dès cette
époque, manifesté l'intention de se retirer dans un
couvent. Elle avait pourtant cédé aux conseils d'une
parente « qui lui montra combien il était difficile
qu'elle pût compenser dans le cloître tout le bien qu'elle
faisait dans le monde ».

Sa fille, Marie-Claude, mariée en 1646 à Louis des
Armoises, damoiseau de Commercy, la dame de Neuville résolut à nouveau de renoncer au monde. Son
confesseur l'en détourna. Et pendant treize années
encore, Mme de Saint-Balmont répandit ses bienfaits
dans les campagnes désolées par la guerre.

Mais en 1659 le calme était revenu et ses vassaux
pouvaient se passer d'elle. La vaillante femme mit
ordre à ses affaires, réunit ses domestiques, leur fit de
touchants adieux et sauta à cheval. Elle quittait de nuit
son château, suivie seulement de deux demoiselles et
d'un gentilhomme qui l'accompagnait « avec grande
répugnance, regrettant le départ de celle qu'il honorait
comme sa mère ».

Deux heures plus tard, Mme de Saint-Balmont arrivait à Bar-le-Duc, pénétrait chez les religieuses de
Sainte-Claire et demandait à prononcer ses vœux.

Quelques mois se passèrent. La novice était, de
toute la communauté, la plus humble, la plus fervente,
la plus austère, quand la maladie la terrassa. Elle ne

pouvait songer à demeurer plus longtemps chez les Clarisses, sans risquer sa vie, et l'abbesse le lui fit entendre. Au milieu de l'allégresse générale, Mme de Saint-Balmont reparut à Neuville, la veille même de Noël. Mais la Mort l'avait effleurée de son aile. Le mal — la gravelle qui la faisait horriblement souffrir depuis 1654 — empirait et ne permettait plus le moindre espoir.

Le vingt-deuxième jour de l'année 1660, dit le P. Jean-Marie, mais en réalité le 22 mai, Mme de Saint-Balmont trépassait, heureuse d'aller rejoindre ceux qu'elle avait aimés. On l'inhuma dans le chœur de l'église de Neuville, auprès de son mari et de son fils.

II

AU CŒUR DE L'ARGONNE

Une sylve profonde, aux clairières heureuses : des
étangs endormis dans leur chuchotante bordure d'a-
joncs et de roseaux ; des gorges fraîches à souhait : —
contrée fertile en souvenirs historiques. à quelques
lieues de la frontière allemande, sur les marches de
la Champagne et de la Lorraine, telle est l'Argonne.

Des poètes lyriques, des romanciers l'ont chantée,
et notre distingué compatriote André Theuriet lui
doit une bonne part de son renom ; les historiens
n'ont pu l'omettre et en ont décrit — sans les avoir jamais vus — les défilés, ces « Thermopyles de la
France » dont parlait Dumouriez : les géographes nous
ont dit la longueur de ses rivières et de ses riviérettes,
l'altitude des points culminants de l'Argonne et, avec
une exactitude contestable, le nombre d'hectares de
ses bois. Or ni les historiens, ni les géographes à la
science aride ne nous ont fait connaître l'Argonne. Il

faut avoir vécu là de longs jours, et de la vie même
des paysans mi-champenois, mi-lorrains; avoir, bâton
en main et sans souci de la fatigue, couru ses villages,
suivi ses chemins forestiers; s'être enfoncé au cœur
de la sylve, par des sentiers à peine tracés, hantés
surtout des sangliers et des chevreuils; avoir rêvé
dans le taillis ou la futaie, au pied des arbres, parmi
les mousses fraîches, les fleurs et les... champignons,
avec seulement un coin de ciel déchiqueté au-dessus
de sa tête, pour saisir le charme intime et berceur de
ce coin de terre.

Que la poésie se mêle à la géographie et à la dé-
mographie, comme à la science du géologue, comme
à l'histoire; que cela forme un tout harmonieux, et
ce tout harmonieux n'aura pas rendu encore le caractère vrai du pays d'Argonne. Mais l'image nous vient
en aide et, parce qu'elle parle directement aux yeux,
sans doute sera-t-elle moins vaine que la phrase. Des
notes sur l'Argonne ne se peuvent passer de gravures.
En voici quelques-unes.

*
* *

L'exacte science que celle des géographes!

Les uns — Reclus, par exemple — veulent qu'il y
ait deux Argonnes, l'une orientale, l'autre occidentale, divisées par le cours de la Meuse; les autres
assurent qu'il n'y a pas d'Argonne du tout, que ce
pays est improprement dénommé, et qu'en réalité
l'Argonne, c'est l'Ardenne.

A l'origine, évidemment, la forêt d'Argonne tenait
à la sylve de l'Ardenne. Les deux noms vous ont un

air de proche parenté. *Ar duinn* (la profonde) a incontestablement donné naissance à Arduenna, Ardenne — et Arguenna, Argonne, n'est qu'une altération d'Arduenna. Mais la main de l'homme, de bonne heure, par des défrichements, a fait de cette unique forêt deux forêts bien distinctes que différenciait déjà la nature du sol et des essences, que différencient tout autant aujourd'hui leurs physionomies. Autant en effet l'Ardenne est sévère, âpre, sauvage, autant l'Argonne est avenante, intime, reposante; l'une est sombre, quasi noire; l'autre moutonne, d'un vert clair. Et combien peu se ressemblent les races des deux forêts, des deux pays!

Il y a donc une Argonne et une seule, celle que les géographes dénomment Argonne occidentale. Ce qu'ils appellent Argonne orientale, la carte d'État-Major l'appelle les Hauts de Meuse: ce sont des collines, pour la plupart dénudées, que couronnent quelques forts et qui viennent mourir dans une vaste et grasse plaine, la Woëvre, où peut-être s'engagera la première bataille de la prochaine guerre.

* * * *

Que l'on n'attende pas de nous une étude complète, définitive (mais une étude peut-elle jamais être définitive?) sur l'Argonne, avec tous les éléments, si divers, qu'elle comporte. Nous nous bornerons sagement ici — et le titre même de cet article l'indique suffisamment — à parler du cœur de cette Argonne qui s'étend sur une longueur de douze à quinze lieues, et dont la largeur est fort inégale.

Claude Buirette, dans son *Histoire de Sainte-Ménehould*, dit que ce pays « s'étend au Nord, depuis la ville de Beaumont, frontière de la principauté de Sedan, jusqu'à la vieille abbaye de Montier, près les limites du Barrois du côté du Midi ; et au levant, depuis les confins de la Lorraine et du Clermontois, jusqu'au village d'Auve (1) au couchant ». Il semble bien que Buirette ait raison. L'Argonne — forêt, prairies et cultures — mord trois de nos départements : la Meuse, où sa superficie est la plus considérable, la Marne et les Ardennes.

Entre les plateaux monotones du Verdunois et les plaines crayeuses de la Champagne ; entre l'Aisne et son affluent majeur, l'Aire (2) : le long de l'Aisne, ensuite, jusqu'au-delà du Chesne-Populeux, la forêt moutonne ample, une des plus belles de notre France, une des moins connues encore, en dépit de son pittoresque.

Les touristes cependant commencent à l'envahir, attirés par son charme reposant, par sa verdure, par l'air de précieuse qualité qu'on y respire ; gagnés aussi par certains coins comme Beaulieu, les gorges de Saint-Rouin, les Islettes, la Chalade, qui sont dignes de la Suisse. C'est depuis quelques années seulement qu'ils se sont avisés de découvrir en leur propre pays, à soixante lieues à peine de Paris, ces bois profonds et ces villages, ou pittoresquement perchés au haut des

(1) Arrondissement de Sainte-Ménehould.

(2) Un autre affluent de l'Aisne, la Vesle ou la Vêle, qui passe à Reims, a un cours de même longueur que celui de l'Aire : 130 kilomètres environ.

SAINTE-MÉNEHOULD. — LE CHATEAU.

collines, ou bâtis en amphithéâtre, ou blottis au fond
de quelque vallon, sur les rives d'un ruisselet gazouil-
lant et limpide. Ceux qui sont las des Pyrénées, des
Alpes, des Vosges; ceux que ne tente plus le snobisme
des longs voyages vers les sites fameux de l'étranger,
peut-être un peu trop vantés, seront agréablement
surpris de rencontrer, au cœur de l'Argonne, les paysages enchanteurs qu'ils sont allés chercher si loin.

De Paris, après un trajet de quatre heures, le train
vous dépose à Sainte-Ménehould, et Sainte-Ménehould,
ce fut, de tout temps, la capitale de l'Argonne. Sainte-
Ménehould, célèbre par une industrie locale, unique
au monde : la fabrication des pieds de cochon. Camille
Desmoulins n'accusa-t-il pas Louis XVI, en route
pour la frontière, de s'être arrêté à Sainte-Ménehould,
« Sancho Pança couronné », pour « manger des pieds
de cochon »? Au vrai, si l'infortuné roi de France fit
halte dans la petite ville où le reconnut Droüet le
maître de poste, ce n'était point pour satisfaire sa gour-
mandise : et si la monarchie sombra, quelques heures
plus tard, à Varennes, par suite d'un retard des berlines
royales, les pieds de porc n'y furent pour rien.

Qui dira la recette des succulents pieds à la Sainte-
Ménehould? Ni l'un ni l'autre, assurément, des pa-
trons des deux hôtels où, d'octobre au mois de mars,
on les confectionne par centaines. C'est un secret.
Ces pieds, dont les os se broient facilement et que l'on
peut manger avec la chair de l'animal appelé « cher
ange » par Monselet, on les a fait cuire avec *quelque*

chose, et le *quelque chose*, l'ingrédient qui attendrit les os, les habitants de Sainte-Ménehould, les Ménechildiens, l'ignorent — à l'exception des deux hôteliers — comme le commun des autres Français, des autres mortels du globe.

Dom Pérignon, de Sainte-Ménehould, fut plus loquace, lui qui découvrit la façon de fabriquer le Champagne, de faire mousser ce vin glorieux. Il livra généreusement son procédé. Combien, parmi ceux que tente une flûte ou une coupe de ce Champagne où luit du soleil, connaissent le nom du bénédictin Dom Pérignon (1)?

Tous ces titres à la reconnaissance des gourmets, c'est assez pour la renommée de Sainte-Ménehould. Mais les touristes exigent davantage. Qu'ils soient satisfaits ! La petite ville, à la lisière de la forêt d'Argonne, est fort coquette, très gracieuse, point somnolente, grâce sans doute au régiment de cuirassiers — formant brigade avec celui de Vouziers — qui y tient garnison depuis bientôt vingt années. Sainte-Ménehould s'enorgueillit — ceci pour les pêcheurs — de deux rivières, non seulement aimables, mais poissonneuses : l'Aisne et l'Auve; elle s'enorgueillit plus encore de ses rues larges et propres, aux beaux magasins; de son Hôtel-de-ville majestueux, gardé par deux lions de pierre; de sa promenade du Château, si pittoresque, aux pieds de laquelle est bâtie la petite cité. Pourquoi faut-il que la déshonore le gâteau de Savoie tout récemment édifié où, l'hiver, des troupes de pas-

(1) Dom Pérignon a laissé un ouvrage sur la manipulation des vins.

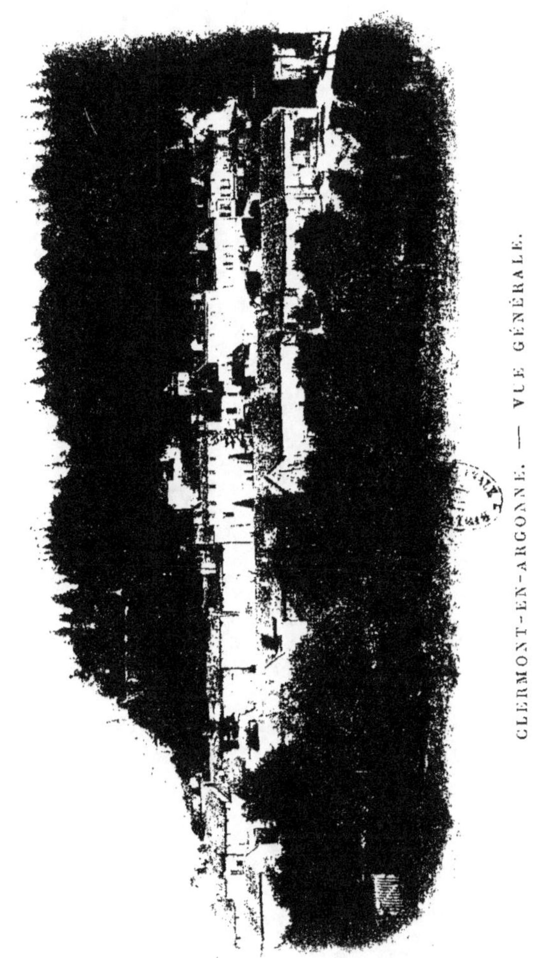

CLERMONT-EN-ARGONNE. — VUE GÉNÉRALE.

sage jouent devant les Ménechildiens le drame et la comédie ?

Si les pêcheurs à la ligne et les partisans du goût moderne, plus ou moins sûr, trouvent leur compte à Sainte-Ménehould, les archéologues n'en sauraient dire autant. En dehors des ruines du château-fort qui, aux âges révolus, servait de défense à la ville, il n'est pas, pour eux, un coin intéressant, pas un vieux quartier aux maisons branlantes que respectèrent les ans. Sainte-Ménehould, en effet, fut détruit tout entier, le 7 août 1719, par un incendie. Le feu, allumé, dit-on, par la foudre, consuma huit cents habitations, et son ardeur était si grande, au témoignage même du curé-doyen de Sainte-Ménehould à cette époque, M. Le Chartreux, que « l'on vit l'eau bouillir comme si elle eût été sur un fourneau, et que l'on en tira du poisson cuit suffisamment (1). »

Avant de nous enfoncer profondément dans l'Argonne, il faut parler de Valmy, un petit village à deux lieues de Sainte-Ménehould. Le champ de bataille de Valmy est fameux dans l'histoire. C'est là que Kellermann défit l'armée de Brunswick en 1792. En ce lieu aride, qu'ombragent de maigres bouquets d'arbres, mais d'où l'on découvre, du côté de Sainte-Ménehould, l'horizon enchanteur de l'Argonne, on a

---

(1) Sainte-Ménehould, — on prononce *Ménou*, — tire son nom de Ménehould ou Ménechilde, une des sept filles de Sigmar, gouverneur de cette province du Perthois dont Château-sur-Aisne (aujourd'hui Sainte-Ménehould) était la forteresse frontière. Ménehould venait souvent à Château-sur-Aisne avec son père et soignait les malades qui la considéraient comme leur ange tutélaire. La bienfaitrice fut regardée par les habitants comme une sainte et son nom donné à la bourgade.

érigé au vainqueur de la journée du 20 septembre 1792
deux monuments. Le premier, sous la base duquel est
déposé le cœur de Kellermann, est une pyramide,
élevée en 1821, du produit d'une souscription volontaire remplie par les habitants. de Sainte-Ménehould
et de Valmy. Le second date de douze ans; c'est,
œuvre du sculpteur Barrau, une statue du maréchal,
duc de Valmy: Kellermann tient de la main droite son
épée; à l'extrémité du bras gauche, le chapeau du
brave rallie les soldats pour le choc définitif avec les
troupes prussiennes.

* *

En dix minutes, par le chemin de fer, on revient de
Valmy à Sainte-Ménehould, et la première station après
Sainte-Ménehould, passé le tunnel, c'est le village le
plus central de l'Argonne : les Islettes.

Mais au trajet dans un wagon, même moelleusement
capitonné, de combien est préférable la course à pied,
de la ville aux Islettes, par la fameuse côte de
Biesme (1), la côte historique à l'issue du défilé où
Dumouriez, aidé de Dillon, du général Chazot, de
Galbaud, tint en échec l'armée prussienne !

Nous voici, au sortir de Sainte-Ménehould, en pleine
Argonne, et c'est charmant. Des deux côtés de la large
route qui monte vers la Grange-aux-Bois (2), pays

(1) Au xvi° siècle, cette côte était 'redoutable aux voyageurs. Les
brigands pullulaient dans le taillis.

(2) La Grange-aux-Bois, qui compte près de 800 habitants, dépend
de Sainte-Ménehould. Un peu avant 1700, le hameau avait été érigé en
cure et une petite église y avait été bâtie, sous l'invocation de Saint-
Nicolas. Mais la cure de la Grange-aux-Bois n'était, à proprement parler, qu'un vicariat perpétuel de celle de Sainte-Ménehould.

LES DEUX MONUMENTS DE VALMY.

des cerises, aux maisons bariolées ; vers la Grange-
aux-Bois, pays des fruits savoureux. — les arbres de
la forêt forment un rempart de verdure. Qu'un rayon
de soleil brille, et l'ombre mystérieuse du sous-bois
s'éclaire, se colore de teintes douces qui reculent la
profondeur. Et quel spectacle admirable s'offre au
regard, à la descente de la côte ! Devant vous, le village des Islettes, peuplé de près de deux mille habitants ; le clocher de son église nouvellement restaurée
pointe là-bas, entre les arbres. A droite, la forêt moutonne et une route toute blanche s'enfonce dans la verdure luxuriante, qui mène à l'îlot de maisons des
Senades. court vers Futeau, Bellefontaine, Courupt.
A gauche, l'horizon se ferme moins vite ; dans une
verdoyante caresse, l'œil embrasse. jusqu'aux confins
bleutés des collines que le tissu de la brume enveloppe,
les taches blanches et rouges que forment les Petites-
Islettes, le Neufour. le Claon. la Chalade, des hameaux,
des villages blottis parmi les vergers.

Une riviérette serpente dans la prairie grasse, entre
les saules et les aunelles, se hâte vers les lignes des
côteaux boisés aux courbes molles : c'est la Biesme (1)
qui, jadis, servait de limite entre la France et l'empire
d'Allemagne ; qui sépare aujourd'hui. sur une étendue
de plusieurs lieues, les départements de la Meuse et
de la Marne. Des ruisselets y affluent, dont le cours
capricieux se marque par les taches vertes des ar-
bustes de la rive, d'un vert plus sombre que le vert
des prés.

(1) La Biesme fut canalisée en 1718-1719. On y faisait alors flotter
les bois.

De coquettes maisons de campagne, au versant de la côte; un moulin, tout proche, dans les roseaux, évoquent le calme des vies heureuses, des idylles sereines, loin du fracas de Paris.

Franchi le pont jeté sur la Biesme, nous sommes dans le département de la Meuse. Et la route, c'est, durant plus d'un kilomètre, la rue principale des Islettes. Puis, les maisons cessant, elle s'enfonce dans le défilé, elle est elle-même l'historique défilé des Islettes jusqu'à Clermont-en-Argonne.

Toute cette contrée était, aux siècles défunts, la terre des moines et des gentilshommes verriers. Les moines vivaient de son sol giboyeux, de ses cours d'eau et de ses étangs où abondait le poisson.

Aux moines les coteaux donnaient aussi un vin clairet, délicat, dont le renom n'est pas purement local. Si les gentilhommes verriers, amis des franches lippées, ne dédaignaient ni le gibier de l'Argonne, ni l'agréable vin de ses coteaux, ni le succulent poisson de ses rivières, ils trouvaient là, dans la forêt, pour souffler leurs bouteilles, le sable fin et la fougère; les troncs des chênes et des hêtres alimentaient leurs ouvreaux.

Ce pays béni se peupla, de bonne heure, d'abbayes puissantes et riches. C'étaient, au hasard des souvenirs, les monastères de Montier, à l'extrême limite de l'Argonne, vers Bar-le-Duc; de Châtrices, de Beaulieu, de Moiremont, de La Chalade; l'ermitage de Bonneval, le prieuré de Beauchamp.

De toutes ces abbayes (certes moins illustres et
moins peuplées que les abbayes de Cluny et de Citeaux
en France; du Mont-Cassin en Italie; de Saint-Gall
en Suisse; de Fulde en Allemagne: mais dont plusieurs
abritèrent jusqu'à trois cents moines) il ne reste
plus que des ruines et le souvenir.

Si, pourtant. Il subsiste encore, dans la partie la
plus sauvage, la plus poétique, la plus fraîche, la plus
belle, à notre avis, du cœur de l'Argonne, un ermitage : Saint-Rouin. Il s'appelait jadis Bonneval; il a
pris le nom de Saint-Rouin parce que là, assure la
tradition, se retira, à la fin du viie siècle, après avoir
fondé la célèbre abbaye de Beaulieu, Saint Rouin
ou Saint Roding, évêque en Ecosse, peut-être fils de
roi (1).

Tous les ans, on accourt des environs, moins y prier,
reconnaissons-le, que s'y divertir. Il s'y donne, d'ailleurs, deux fêtes : l'une en mai, toute profane; l'autre
vers le milieu de septembre, pélerinage pour les âmes

(1) Saint Rouin dirigea d'abord le monastère de Tholey en Lorraine.
L'attrait qu'il avait pour la solitude le porta, dit Cl. Buirette (*Histoire
de Sainte-Ménehould*) à se retirer dans la forêt d'Argonne, en un lieu
nommé *Vaslogium* (Vastchieu) à quatre ou cinq lieues au levant de
Sainte-Ménehould, et il commença d'y bâtir des cellules pour lui et les
moines qu'il avait amenés.

Un grand du royaume, que l'on nommait Austrèse, seigneur d'un
village auquel il a donné son nom (Autrécourt, *Austrisii curia*) s'opposa
à ce que Saint-Rouin s'établît sur ses terres et dans sa forêt, il le fit
chasser ainsi que ses moines; mais Austrèse étant tombé malade dangereusement, on raconte que Saint-Rouin vint le trouver et le guérit
d'une manière miraculeuse. Ce seigneur, par reconnaissance, donna au
saint la forêt et la montagne de Vasloge et lui permit d'y bâtir un monastère. Il fut construit sur le lieu le plus élevé de la montagne, d'où
l'on découvrait une grande étendue de pays, ce qui lui fit donner le
nom de Beaulieu.

pieuses; l'évêque de Verdun vient parfois officier dans la petite chapelle de l'ermitage.

Depuis six ou sept années, Saint-Rouin est sans ermite. Le dernier de ces anachorètes n'était pas précisément, faut-il le dire? un sujet d'édification pour les fidèles des alentours. Cet ancien zouave ne se gênait nullement pour jurer comme un païen, mendier dans les villages de l'Argonne et apostropher vertement, en un français mélangé d'arabe, ceux qui lui refusaient une aumône. Enfin, on lui reprochait d'être un peu trop l'ami de la dive bouteille. Bref, à la mort de cet indigne successeur de l'austère Saint Rouin, apôtre de l'Argonne, l'évêque de Verdun ne jugea pas à propos de lui donner un remplaçant.

Avec ou sans ermite, Saint-Rouin est un des plus jolis coins que nous sachions. Les sous-bois sont pleins de mystère et de poésie avec leurs ravins fuyants; leurs minuscules gorges fraîches; leurs combes vaporeuses où s'attarde un brouillard léger; leurs sources d'eau vive, d'une limpidité de cristal; leurs étangs endormis parmi les chênes aux troncs rugueux, les hêtres aux fûts lisses, pareils aux colonnes d'une nef de cathédrale, les bouleaux sveltes, à l'écorce de satin argenté.

Les charbonniers vivent en maîtres ici, avec les bûcherons. La forêt est le domaine, tantôt ensoleillé et riant, tantôt brumeux et morose, où ils fabriquent le charbon qui tinte clair comme de l'argent. Mieux que personne ils connaissent « la princesse verte »; pour eux sa faune et sa flore n'ont pas de secrets. Les charbonniers ont grandi dans la forêt hospitalière; ils y

coulent une existence simple et libre ; ils y mourront,
jeunes souvent — l'ardeur des fournaises leur faisant
une précoce vieillesse — près de la femme et des enfants qui les ont accompagnés aux bois.

* *
*

Les charbonniers de l'Argonne n'ont pas d'histoire.
Mais les verriers, les gentilshommes verriers de ce
coin de terre en ont une — et qui est des plus cu-
rieuses. Nous l'avons, plus loin, contée en détail. Ne
nous attardons pas et poursuivons notre promenade au
cœur de l'Argonne, par ce défilé des Islettes, d'une
lieue et demie de longueur, qui nous conduit — la
route est admirable, le paysage enchanteur — à Clermont-en-Argonne.

Sainte-Ménehould est incontestablement la capitale
de l'Argonne, mais Clermont en est la perle. La coquette petite ville fut d'ailleurs, elle-même, une capitale : la capitale de ce Clermontois qui comptait
soixante-quatorze petites villes et villages.

De son ancienne splendeur, Clermont a gardé peu
de vestiges et se contente aujourd'hui d'être avenant, avec ses maisons blanches et jaunes pittoresquement accrochées à un éperon, à un promontoire de
rochers.

La ville basse vient mourir dans des vergers opulents : pommiers et poiriers aux fruits énormes et
savoureux, cerisiers qui donnent un kirsch à bon droit
renommé. De la grande rue formée par la route de
Paris, de l'endroit même où s'élève un vieux puits en
fer forgé, part la ruelle, bordée de maisons en torchis,

qui, par une longue série d'escaliers et de plates-formes, accède à l'église : une minuscule église, avec un minuscule clocher, perdue dans un fouillis de verdure, à mi-côte. Et voici le chemin grimpant, sinueux, qui nous conduira doucement à Sainte-Anne, au sommet du promontoire.

Sainte-Anne est l'orgueil de Clermont. Un château s'élevait là. Longtemps tenu en fief par des seigneurs vassaux de l'évêque de Verdun, vendu, revendu, donné, échangé, brûlé puis reconstruit, il fut, après ces destins divers, détruit par corvées de tous les paysans des environs quand le maréchal de la Ferté eut pris la ville, en novembre 1654. De la forteresse, plus même de traces (1).

Sainte-Anne, c'est une petite chapelle ogivale, à l'ombre de tilleuls séculaires dont la masse figure, de loin, un lion monstrueux. Et c'est aussi, par extension, la promenade elle-même, une double rangée de sapins et de pins : leurs aiguilles font aux pas un chemin souple, moelleux, élastique.

La promenade aboutit à une plate-forme de gazon où se donne rendez-vous, pour s'esbaudir et danser, tous les lundis de Pentecôte, la jeunesse de Clermont et des alentours. Bien des panoramas vantés n'égalent point celui que l'on découvre d'ici. A vos pieds, c'est

---

(1) La ville et le comté du Clermontois furent réunis, avec le Barrois, à la couronne de France, sous Louis XIII. Son successeur, Louis XIV, en fit don au grand Condé.

En 1791, l'Assemblée nationale, voulant punir le prince de Condé d'avoir un des premiers émigré avec son fils, le duc de Bourbon, et sa fille, l'abbesse de Remiremont, réunit purement et simplement le Clermontois à la couronne de France, en déclarant nulle la cession faite par Louis XIV.

UN CHARBONNIER ET SA HUTTE.

d'un côté le précipice, de l'autre Clermont accroupi, tassé, comme écrasé sous la tuile rouge et l'ardoise bleue de ses toits. Puis, c'est la fertile vallée de l'Aire au cours tortueux, la vallée toute verte, peuplée de gais villages. A l'horizon, par-delà la vallée de la Cousance que masquent des ondulations de terrain, s'ouvre le sévère plateau du Verdunois : maigres bois, campagnes monotones, mais riches cultures. Vers le Sud, parallèlement à la vallée de l'Aire, la forêt d'Argonne moutonne à perte de vue, glorieuse.

Vraiment, la petite ville a le droit d'être fière de Sainte-Anne.

*
* *

Clermont est, pour le touriste qui y trouve gîte aimable et bonne chère, un centre d'excursions. Il n'a que l'embarras du choix : toutes sont tentantes, soit que le sollicite le retour aux Islettes et qu'il veuille descendre la Biesme jusqu'à Vienne-le-Château, en visitant : à gauche le village de Florent, perdu dans le mystère des bois ; à droite le Neufour, le Claon, la Chalade et sa vieille abbaye (1), le Four-de-Paris, le pittoresque hameau de La Harazée ; — soit qu'il préfère visiter le bourg de Montfaucon et la petite ville de Varennes, qui ont leur place marquée dans notre histoire ; soit que, dédaigneux de la plaine, il tire à travers bois, sans jamais quitter le couvert de la forêt,

---

(1) La fondation de l'abbaye de la Chalade, de l'ordre de Clairvaux, remonte aux premières années du xii° siècle. En 1138, il y avait à la Chalade près de trois cents religieux. L'église de la Chalade, qui dépendait jadis de l'Abbaye, est classée parmi les monuments historiques. La grande nef a été détruite, il ne reste debout que l'abside.

dans la direction du sud, vers Beaulieu le bien nommé.

Mais on doit lui souhaiter de bonnes jambes ; il lui faut être un vrai touriste, ami de la marche. Les chemins de fer sont rares en ce pays, le génie militaire s'opposant à la multiplication des voies ferrées. Le génie a des secrets qu'il ne dévoile point, des mystères plus impénétrables que les futaies de l'Argonne. Pourquoi a-t-il permis la construction d'une ligne, — à voie étroite, — qui dessert une partie de la vallée de l'Aire, l'abandonne à Clermont (ou plutôt à Auzéville, village tout proche) et ne peut atteindre Varennes ? Chut !... n'insistons pas.

Si donc vous voulez visiter Varennes, soit ! La grande route vous y mènera, par Neuvilly et Bourcuilles. Il vous est loisible encore de gagner, par la voie ferrée, Aubréville, à six kilomètres de Clermont ; vous monterez là dans une diligence des temps préhistoriques, qui vous bercera au trot lent et aux sonnailles de ses chevaux, en attendant qu'elle vous dépose à Varennes-en-Argonne.

Varennes ! Un modeste chef-lieu de canton, comme Clermont : une simple bourgade, mais célèbre, où, voilà cent treize ans, vint sombrer la monarchie française.

Varennes a une ville basse et une ville haute, séparées par la rivière d'Aire ; c'est dans la ville haute, bâtie au sommet d'un coteau escarpé, que s'accomplirent les mémorables événements du 21 au 22 juin 1791.

A quelques kilomètres de Varennes, au pied de la colline isolée sur laquelle est pittoresquement juché le bourg féodal de Montfaucon, le roi de France Eudes battit, en 888, les Northmans, dont vingt mille — dit-on — restèrent sur le champ de bataille.

Selon le moine Albéric, Saint Balderic ou Baudry, fils de Sigebert, roi d'Austrasie et petit-fils de Dagobert, cherchant un lieu où établir un ermitage et fixer sa demeure, fut conduit par un faucon sur une montagne où cet oiseau s'arrêta, « d'où est venu, ajoute-t-il, le nom de *Montfaucon* ». Cette étymologie est de pure fantaisie. Balderic choisit sa solitude au milieu des bois de l'Argonne, sur une colline élevée où il y avait un grand nombre d'oiseaux de proie, et surtout des faucons.

Montfaucon d'Argonne s'appelait jadis Montfaucon-en-Dormois (1).

Aussi haut perché — ou presque aussi haut — que Montfaucon, voici, au sud-est de Varennes, le tout petit village de Vauquois, dont le puits est profond de plus de soixante mètres. Mais Vauquois, ce n'est déjà plus l'Argonne. Dombasle-en-Argonne, où passe le chemin de fer qui nous ramènera à Clermont, ne fait pas davantage aujourd'hui partie du massif. Les deux villages appartiennent au Verdunois.

(1) Sur Montfaucon d'Argonne, voir *La Frontière d'empire dans l'Argonne*, par Julien Havet (H. Champion, 1881). Ceux qui sont curieux des choses du passé y trouveront le texte de l'enquête faite à Verdun, par ordre de Rodolphe de Habsbourg, en mai 1288. Ce document touche à une grave et difficile question de géographie historique, la détermination exacte des limites du royaume de France et de l'Empire au moyen âge.

Pour si agréable qu'elle soit, la promenade de
Clermont à Varennes, à Montfaucon et à Vauquois ne
vaut pas l'excursion de Clermont à Beaulieu.

C'est près de trois lieues à parcourir le long de la
crête des collines, dans le décor de la forêt que l'on
ne quitte pas un instant, par des chemins de viabilité
incertaine, des sentiers qui se cachent à demi sous les
fougères, et si frais, et si verts ! jusqu'au moment où
l'on atteint la tranchée de Courupt. On rejoint alors
une route carrossable et c'est un délice de gagner Beaulieu par une allée de sapins dont le vert sombre s'enlève vigoureusement sur la plus claire masse feuillue
des hêtres, des chênes et des bouleaux environnants.

Vous voilà sur le plateau qui semble un immense
jardin potager, avec tout un coin de vignes aux ceps
hauts et vigoureux. Un sentier vous invite, qui tra-
verse le plateau dans le sens de la largeur, aboutit à des
murailles à pic, à un profond précipice. Et soudain
— si le soleil est de la partie — un spectacle magique
s'offre aux yeux : au premier plan, à vos pieds, les
vignes qui tapissent le coteau ; un cirque vert où court
un ruisseau ; puis c'est le monticule isolé du « Pin de
Sucre » et Sainte-Maxe ; enfin la basse Argonne, la
plaine immense du Barrois semée de villages, les étangs
qui appartiennent au département de la Marne. Et
Beaulieu n'a pas volé son nom ; le site est splendide
vraiment d'où l'on découvre, au Midi, plus de dix
lieues de pays lorrain et champenois.

VARENNES—EN—ARGONNE.

TOUR DEVANT LAQUELLE FUT ARRÊTÉ LOUIS XVI.

La vie devait être douce, elle était douce aux moines
de l'abbaye de Beaulieu fondée, il y a près de treize
cents ans. Ce plateau était leur jardin où tout poussait
en abondance, comme il sied au jardin d'un monastère. Ces vignes leur donnaient un vin mousseux et
parfumé, fleurant la framboise, — et peu leur importait qu'il se transportât malaisément, puisqu'ils le con-
sommaient sur place. Ces étangs leur fournissaient le
poisson de carême, à la chair ferme, fine et blanche.
Et le gibier de poil et de plume, le menu gibier et les
grosses bêtes abondaient dans ces bois touffus, dans
ces gorges profondes, pleines de sources, arrosées
d'eau vive.

L'abbaye, de l'ordre de Saint-Benoît, était riche
avec les dix-huit villages dont l'avait généreusement
dotée, pour expier quelques torts envers l'illustre Saint
Rouin, un seigneur des environs, celui d'Autrécourt.
Et les abbés de Beaulieu étaient depuis longtemps
comtes, — ils s'étaient titrés eux-mêmes — quand la
Révolution les chassa de ce magnifique domaine.

*
* *

L'Argonne, en tant que forêt, cesse pour ainsi dire
à Beaulieu. Vers le Sud, c'est une contrée indécise : la
plaine du Barrois, des cultures, avec quelques bois
épars et la forêt de Belnoue, ce qui reste de l'ancienne
sylve profonde, immense, où vivaient l'ours et le cerf.

Pour regagner Clermont, hors de la forêt, — en
suivant le chemin des écoliers, — vous passerez par
Waly et rejoindrez la route départementale qui mène
de Bar-le-Duc à Neuvilly. Vous verrez, de la sorte, un

coin de la belle vallée de l'Aire, avec les opulents villages qui se pressent sur ses rives : Autrécourt, Lavoye, Froidos au nom bizarre, Rarécourt, — dont les habitants, toujours neutres en temps de guerre, se gouvernaient eux-mêmes avant la Révolution, s'approvisionnaient de sel où bon leur semblait, nommaient leurs maires, n'étaient justiciables que de leur juge de paix, et qui formait comme une petite république ; Auzéville, Vraincourt, tous ces villages et hameaux sur un parcours de moins de trois lieues.

Voilà quarante ou cinquante ans, une partie de leur population était occupée dans les nombreuses faïenceries bâties à la lisière des forêts. Il y en avait à Waly, à Lavoye, à Froidos, à Rarécourt, à Clermont, aux Islettes, et qui étaient en pleine prospérité. Il en sortait des assiettes, des plats à barbe, des pots pansus, décorés de fleurs bleues, rouges, vertes, ou de scènes rustiques, ou du coq gaulois. Toutes ces faïenceries ont disparu (1).

Naguère aussi vivait, en ces villages, toute une population venue du pays franc-comtois : les tireurs de *coquins*, comme on les appelait. La région était riche en phosphates de chaux, en nodules, *coquins* ou *crottes du diable*. Découverts il y a un demi-siècle, ces nodules extraits du sous-sol étaient lavés pour être débarrassés de leur gaîne, puis broyés, triturés dans les moulins, réduits en poudre afin de servir d'engrais (2). Le sous-

---

(1) André Theuriet, dans *La Chanson du jardinier*, a longuement parlé de la faïencerie des Islettes et des assiettes *révolutionnaires* que l'on y faisait.

(2) Ce fut vers 1840 que l'on vit apparaître, pour la première fois, l'idée d'employer comme engrais les phosphates de chaux exploités à

sol est presque épuisé aujourd'hui et beaucoup de tireurs de coquins ont dû émigrer, depuis quelques années, vers les gisements de fer de la Haute-Marne.

Mais ce n'était point et ce n'est point là l'unique population nomade de cette partie de l'Argonne.

Chaque année, cette région forestière fournit aux propriétaires des vignobles champenois un fort contingent de tâcherons, des centaines d'ouvriers et d'ouvrières. En septembre, époque des vendanges, des villages entiers de l'Argonne s'essaiment vers les coteaux de Reims et d'Épernay, aux crus fameux. Clermont, les Islettes, Futeau, Bellefontaine, Florent, figurent pour un nombre d'environ quinze cents vendangeurs, hommes, femmes et enfants. Et la Compagnie de l'Est organise tous les ans, pendant les mois de septembre et d'octobre, des trains spéciaux, avec demi-tarif, pour les vendangeurs argonnais.

C'est comme au printemps et en été : quelques-uns des villages de l'Argonne sont à moitié vides, la moitié des maisons closes. Vienne l'automne, ils retrouvent leur animation. Les fondeurs d'étain sont de retour. L'hiver écoulé, aux premiers rayons tièdes du

Logrosan, dans l'Estramadure. En 1847, les engrais de phosphates de chaux étaient d'un emploi usuel dans quelques parties de la France. C'est dans le département des Ardennes que les phosphates du terrain crétacé ont été exploités pour la première fois en France. Le mérite de cette initiative revient à MM. Desailly et Demolon qui, dès 1855, extrayaient, chacun de leur côté, cette précieuse matière dans les environs de Grandpré, et entreprenaient, avec divers grands agriculteurs ou fabricants d'engrais, une série d'essais sur son utilisation agricole. L'exploitation franchit, en 1860 ou 1861, les limites du département des Ardennes, et des carrières furent ouvertes à cette date dans la Meuse (*Rapport de M. l'ingénieur des mines Nivoit, 1874*).

soleil de mars, ils délaisseront le village et s'en iront, avec les voitures de forains, toutes bariolées, où vit le ménage du fondeur, dans le septentrion de la France : Aisne, Somme, Pas-de-Calais, Nord. Leurs clients fidèles les attendent là-bas ; ils leur donneront à « refondre » leurs couverts d'étain.

A ce métier les fondeurs gagnent, durant sept ou huit mois de vie en plein air et de *chinage*, de quoi passer insouciants la mauvaise saison dans le village d'où ils sont originaires. Pour rien ils ne manqueraient d'y revenir. Et l'amour de la terre natale est si profond chez eux que ces nomades ont l'éternel souci d'en avoir une part. Leurs économies, ils les emploient à acquérir des champs. Quand sonnera l'heure du repos, la vieillesse venue, leurs fils ou leurs filles mariés et mûrs eux-mêmes pour le *chinage*, les fondeurs d'étain trouveront au village *leur* maison, *leurs* terres. Et c'est dans le cimetière des ancêtres, au bruit familier du vent, au murmure berceur de la forêt d'Argonne, qu'ils dormiront aussi le grand sommeil (1).

(1) M. H. Labourasse, dans son livre intitulé *Anciens us, coutumes, légendes de la Meuse* (Contant-Laguerre, éditeur), s'est amusé à relever les noms patois des communes de la Meuse et les surnoms collectifs de leurs habitants. Citons, d'après lui, ceux qui se rapportent à quelques villages de l'Argonne. En patois, les Islettes s'appellent *Lis Islattes ;* Varennes, *Varannes ;* Futeau, *Futiau ;* Auzéville, *Auzaïeville ;* Rarécourt, *Laraïecoue ;* Froidos, *Fradoue,* etc.

Les habitants de Clermont sont surnommés *Pêche-Lune ;* ceux des Islettes, *Hâzis* (Brûlés, à cause des verreries) ; ceux d'Auzéville, *Acrans ;* ceux de Froidos, *Boudattes* (Nombrils) ; ceux de Rarécourt, *Coquillates ;* ceux de Vauquois, *Grimplets* (Grimpereaux), parce que leur village est haut perché ; ceux de Neuvilly, *Vervieux, Rabottés* (coqs dorés), etc...

III

UN LOGIS DU CARDINAL DE RETZ

A cinq kilomètres au sud-est de Commercy, la ville des madeleines fondantes, se trouve le petit village de Ville-Issey, peuplé de 331 habitants, et composé de deux hameaux, Ville, puis Issey, situés sur les versants opposés d'un même coteau qui s'avance dans la prairie de la Meuse.

L'église se trouve à Issey. Bâtie par un ancien seigneur du lieu, le baron Jean-Nicolas Jadot, membre de l'Académie des Sciences et des Beaux-Arts de Rome, directeur général des bâtiments de Sa Majesté impériale et royale de Toscane, elle est couronnée d'un svelte clocher toscan, fort admiré des connaisseurs, le seul peut-être de ce genre dans toute la Lorraine.

Mais Ville-Issey compte un autre monument qui, pour être moins gracieux et moins riche en sculptures que l'église, sollicite davantage la curiosité des touristes. Nous voulons parler du château de Jean-François-Paul de Gondi, cardinal de Retz, damoiseau souverain de Commercy, prince d'Euville, archevêque de Corinthe, coadjuteur, puis archevêque de Paris et abbé de la fructueuse abbaye de Saint-Denis.

Ce fut dans ce château, bâti à Ville, que le fameux cardinal écrivit la plus grande partie de ses célèbres *Mémoires;* le reste fut composé à Saint-Mihiel et à Commercy (1).

Après les troubles de la Fronde, Gondi fut exilé. Il prit le parti de se réfugier dans sa terre de Ville-Issey, qu'il tenait du chef de sa mère, Françoise-Marguerite de Silly.

Grâce à l'obligeance de M. Henri Dannreuther, secrétaire de la Société des lettres, sciences et arts de Bar-le-Duc, il nous est permis de donner quelques détails intéressants sur le château de Ville dont M. Huin, professeur à l'École normale de Commercy, a bien voulu prendre pour nous des vues photographiques.

L'ancien manoir du cardinal, assez délabré et qui n'offre d'ailleurs qu'un intérêt artistique sommaire, date de 1591 ; il est aujourd'hui divisé en deux parties. L'une fut acquise par des particuliers, et des cultivateurs du pays l'ont transformée pour les besoins de

(1) Le cardinal de Retz fit un séjour de deux ans (1675-1677) à l'abbaye de Saint-Mihiel et suivit les cours de cette académie où enseignaient les doctes bénédictins. Il y rédigea en partie ses *Mémoires* et l'enrichit de sa bibliothèque. Les manuscrits du cardinal furent transportés à l'abbaye de Moyenmoutiers par dom Robert Belhomme, une des illustrations de l'abbaye de Saint-Mihiel (Albert Dreyfuss : *Le Collège de Saint-Mihiel de 1803 à 1903*).

LE CHATEAU DE VILLE-ISSEY, VU PAR DEVANT.

(La fenêtre à petits carreaux, au 2ᵉ étage, est celle du cabinet de travail
du cardinal de Retz.)

leur exploitation ; l'autre, devenue bien communal, sert de mairie et d'école pour les deux sexes.

La portion communale comprend, outre l'école et le logement de l'instituteur, un pavillon qui offre, au premier étage, une grande salle pour les séances du Conseil municipal. Au deuxième étage, au-dessus de la salle des séances du Conseil, un cabinet que l'on désigne encore sous le nom de *Cardinal*.

C'était, ce cabinet, la pièce de prédilection de Jean-François-Paul de Gondi. L'ancien élève de Saint-Vincent de Paul, le turbulent frondeur, revenu des choses de ce monde, aimait à méditer là, et sur les événements dont il avait été un des acteurs principaux, et sur ses bonnes fortunes de jadis. De 1662 à 1665, il y rédigea ses *Mémoires*, adressés à une dame de la Cour (1).

Le cabinet de travail du fougueux prélat, éclairé de deux fenêtres, l'une regardant Commercy, l'autre à l'opposite, mesure 5ᵐ,50 en carré. Le plafond est constitué par une voûte octogone en planches, cintrée sous la toiture, laquelle, couverte en ardoises, est aussi à huit pans. Une girouette, sur le toit, grince mélancolique. Des détrempes et quelques lambris vermoulus ornent (?) seuls ce cabinet très simple.

Sur le rebord d'une fenêtre, Thiers et l'ancien président de la Chambre des députés, M. Sauzet, venus en pèlerinage à Ville-Issey, ont gravé leurs noms.

(1) Le 29 juillet 1665, le cardinal vendit sa souveraineté de Commercy (Ville-Issey en faisait partie), moyennant la somme de 550 000 fr., à François de Lorraine, prince de Lillebonne, et à sa femme Anne de Lorraine. Toutefois, il s'en réservait l'usufruit dont il jouit jusqu'en 1679, date à laquelle il mourut, âgé de soixante-six ans.

Il existe, au château, un grand portrait à l'huile du cardinal. Mais, chose assez singulière, on n'a pas cru le devoir suspendre dans le cabinet de travail de l'illustre écrivain, où sa place était pourtant tout indiquée. Duflos exécuta cette œuvre — dont le grand mérite est la ressemblance — à Rome, durant un séjour que fit dans la Ville Éternelle Retz, appelé là-bas par l'élection d'un pape (1). Le docteur Denis en fit cadeau, vers 1840, à la commune; il tenait cette peinture de Mlle Gilles, amie et héritière de Mlle Marie Jadot, fille du baron Jadot, dernier seigneur de la baronnie de Ville-Issey.

La toile de Duflos figure dans la salle du Conseil municipal. C'est donc — ironie du Destin! — sous les yeux mêmes du terrible frondeur, du conspirateur, du révolutionnaire qu'était de Retz, que les élus de Ville-Issey tiennent aujourd'hui leurs pacifiques séances!

(1) Le cardinal de Retz se trouvait au château de Pierrefitte-sur-Aire, à sept lieues de Commercy, à quatre ou cinq lieues de Saint-Mihiel, quand — le 13 décembre 1669 — il reçut de Louis XIV l'ordre de se rendre à Rome pour assister au conclave où, par son influence, fut élu Clément X. Ce château fut démoli peu de temps après. Il n'en reste plus aujourd'hui aucune trace (*Pierrefitte et les seigneurs de la maison du Châtelet*, par Cl. Bonnabelle).

PORTRAIT DU CARDINAL DE RETZ

(Château de Ville-Issey.)

IV

UN ÉPICIER-CHANDELIER

SAUCE, DE VARENNES

J'ai voulu, à l'occasion de l'anniversaire de l'arrestation de Louis XVI à Varennes, revoir la petite ville somnolente où s'accomplirent ces événements du 21 juin 1791 qui, du jour au lendemain, firent de l'obscure bourgade lorraine un lieu à jamais fameux dans l'histoire (1). Je tenais à revoir surtout la maison de l'épicier-chandelier Sauce, la petite maison qui abrita quelques heures la famille royale toute tremblante et où vint sombrer la monarchie.

Un tel pélerinage n'avait pas pour but une curiosité superficielle. Et à vrai dire il n'eût rien offert d'inté-

(1) « Supposez — écrit Alexandre Dumas père — Varennes enseveli sous la lave comme Herculanum, ou dans la cendre, comme Pompéi, et le jour le plus important de Varennes ne sera pas celui où il aura péri. Le jour le plus important de Varennes restera le 22 juin 1791, jour où ·e roi Louis XVI fut arrêté en face du *Bras d'or*. »

ressant s'il ne m'avait permis d'apprendre de bizarres choses sur cette maison — qui n'est pas, et pourquoi? classée parmi nos monuments historiques —; s'il ne m'avait incité à me renseigner sur ses propriétaires anciens et actuels; à rechercher ce qu'était avant l'arrestation du roi, ce qu'ensuite était devenu ce Sauce auquel, assure-t-on, Louis XVI offrit un million dans l'espoir qu'il le laisserait échapper; si je n'avais recueilli certains détails pittoresques, connus seulement de quelques historiens locaux; et si enfin plusieurs jours passés à Varennes, à interroger, à m'enquérir, à fouiller les archives ne m'avaient fait découvrir un certain nombre d'erreurs grossières qui émaillent les narrations de nos grands historiens — Thiers, Lamartine, Lacretelle, pour n'en citer que trois.

Si le travail modeste que je donne ici comble une lacune, remet en place les événements et les présente sous leur jour véritable; s'il projette quelque lumière sur celui qui fut, avec le maître de poste Droüet dont j'ai conté d'autre part les dernières années, l'artisan incontesté de l'arrestation de Louis XVI, mon voyage à Varennes n'aura pas été vain.

*

C'est à l'aube, une claire aube de juin succédant à la plus sereine, à la plus splendide nuit étoilée, que j'ai revu la maison de Sauce où flottent encore mille souvenirs. Voilà cent dix ans aujourd'hui, une aube pareille se levait dans la verte vallée de l'Aire, sur la prison de la famille royale, sur Varennes empli de la rumeur des gardes nationaux, des paysans armés de faulx et de fourches, prévenus par le tocsin, accourus des entours (1).

Le décor, après plus d'un siècle révolu, a subi quelques modifications.

La voûte sous laquelle Droüet et quelques patriotes, encore attablés à onze heures du soir chez Jean Leblanc, à l'auberge du *Bras d'or*, et prévenus de l'événement par le maître de poste, sommèrent les postillons de la voiture royale de faire halte ; sous laquelle les illustres voyageurs furent tenus d'exhiber leurs faux passe-ports, — cette voûte n'est plus. Le Temps a aboli ce témoin.

Mais l'auberge du *Bras d'or* subsiste, se dresse toute proche, devenue pourtant une boutique d'épicerie. Et non loin, dans la rue de la Basse-Cour qui dévale vers le pont de l'Aire, au n° 281 (2), c'est la maison de Jean-Baptiste Sauce, procureur de la commune de Varennes en 1791, qui remplissait les fonctions de maire en l'absence du maire Georges retenu à Paris par ses fonctions de député du district.

La façade, embellie, — un nouveau badigeonnage cependant ne lui ferait pas de mal — ouvre aujourd'hui sur la rue de belles et larges fenêtres. Mais l'intérieur a été peu ou point transformé ; la disposition

---

(1) Faut-il rappeler ici la bévue commise par un des narrateurs de l'arrestation de Louis XVI, l'abbé Georgel?

L'abbé Georgel, sans souci de la vérité historique, confond les lieux et les choses. Ce n'est pas, d'après lui, à Varennes, mais à Sainte-Ménehould, que l'arrestation se passe. Droüet, dit-il en substance, *colorant sa curiosité de son zèle*, se présente à la portière, *entre onze heures et minuit. La réverbération de la lumière* frappe les traits du roi, *qu'il a vu à Versailles* ; il le reconnaît et l'arrête.

(2) Et non 287, comme l'écrit Alexandre Dumas dans *la Route de Varennes*.

des lieux est, depuis 1791, restée à peu près la même. Comme à l'époque de l'arrestation de Louis XVI, la maison se compose de deux pièces au rez-de-chaussée et de deux autres au premier étage.

C'est dans ces dernières, la plus grande donnant sur la rue, la plus petite sur une cour, que la famille royale passa la nuit entière du 21 au 22 juin. Leurs vieux murs ont vu l'orgueilleuse Marie-Antoinette se jeter aux genoux de Jean-Baptiste Sauce, l'ont ouïe supplier ce petit procureur de village de viser les passe-ports et d'autoriser le roi de France à gagner Montmédy sans plus de délai. Ils ont vu Louis XVI tour à tour se promener fébrile dans la chambre et s'affaisser anéanti sur un fauteuil ; ils l'ont entendu, arrogant d'abord selon son autorité royale, puis humble, puis plus humble et plus humble encore, à mesure que coulaient les heures et que l'espoir, par miettes, s'en allait. Ils ont vu dormir les enfants de France, tout petits, insouciants, inconscients de la tragédie.

Les faits, ici, dans la maison même où le Destin voulut qu'ils s'accomplissent, me reviennent en mémoire avec une précision singulière, et j'évoque cette nuit du 21 au 22 juin.

Minuit sonnera tout à l'heure. La première voiture royale, le cabriolet de Mmes de Neuville et Brunier, s'engage sous la voûte de Varennes et passe sans encombre. La seconde, celle où se dérobent Louis XVI et Marie-Antoinette, suit à quelques pas. Dix hommes, Droüet et les patriotes du *Bras d'or*, sautent à la bride des chevaux. Halte-là ! Le roi de France est prisonnier.

La portière s'ouvre. Une courte discussion s'engage. Un homme s'approche de la berline royale, écarte ceux qui ont arrêté l'attelage ; c'est l'autorité locale, le procureur de la commune. Sauce.

Il est muni d'une lanterne qu'il élève à la hauteur de la portière et dont il éclaire les visages des fugitifs ; il demande à Louis XVI son passe-port, et tout de suite annonce qu'il est trop tard pour viser cette pièce. Au jour, on verra.

Cependant la petite ville s'éveille : des cris retentissent. Sauce a envoyé ses enfants crier : « Au feu ! » par les rues (1). Et le tocsin sonne.

Mais le procureur empêche toute violence. Ce n'est pas un révolutionnaire que Sauce ; il n'est pas républicain ; royaliste constitutionnel, patriote, simplement. Certain de l'identité de Louis XVI, il offre à la famille royale sa maison « comme lieu de sûreté. » Il aime son roi, il entend le protéger contre des avanies possibles, mais il ne veut pas qu'il s'échappe ; il fera bonne garde autour de sa personne.

Les fugitifs doivent se résigner. A la voix du tocsin — le tocsin sonna durant plus de deux heures ! — la famille royale gagne la demeure de l'épicier-chandelier. Pauvre maison construite en bois et en terre mêlée de paille hachée. On y entrait par le magasin qui ouvrait sur la rue : ce magasin étroit, une arrière-boutique exiguë, une courette assez sombre avec, au fond, une

(1) C'est peut-être ici le lieu de raconter l'histoire de Froment, ce tambour de la garde nationale de Varennes, qui, dans son empressement à aller battre la générale par les rues de la petite ville, ne s'aperçut pas qu'il n'avait pour tout vêtement que sa chemise. Est-ce que ce serait à Varennes qu'aurait pris naissance le nom de *sans-culottes* ?

remise, formaient tout le rez-de-chaussée. Ménagé entre les deux pièces du bas, un escalier tournant conduisait à l'étage supérieur : deux chambres ; l'une, petite, irrégulière, prenait jour par une seule fenêtre dans la courette ; l'autre, plus vaste, la grande chambre, la belle chambre de ce logis, ouvrait sur la rue ses deux croisées. Comme on était loin des Tuileries, quittées vingt-quatre heures auparavant par le roi déguisé en valet de chambre, par Marie-Antoinette, par les enfants de France et par les dames d'honneur ! (1).

A quoi bon ruser plus longtemps ? Autour de la maison de Sauce gronde la rumeur des gens de Varennes, les crosses des fusils heurtent le sol. De minute en minute, la foule grossit et la rumeur s'enfle. Le roi, qui a voulu douter jusqu'alors, comprend qu'il a été reconnu. Il sourit hypocritement en se jetant dans les bras de Sauce ; il dit, sur un ton qu'il s'efforce de rendre sincère et qui sonne faux : « Oui, je suis votre Roi ; placé, dans la capitale, au milieu des poignards et des baïonnettes, je viens chercher en province et au milieu de mes fidèles sujets la liberté et la paix. Je ne puis plus rester à Paris sans y mourir, ma famille et moi » (2). Et, comble à la dissimulation, Louis XVI embrasse tous ceux qui l'entourent : Sauce, la mère, la femme, les enfants de ce dernier, le procureur

____

(1) La relation de Marie-Thérèse-Charlotte de France nous apprend que c'était Mme de Tourzel qui passait pour la baronne de Korff, la reine pour Mme Rochet, gouvernante des enfants, et le roi pour le valet de chambre Durand. Mme Élisabeth était une demoiselle de compagnie, du nom de Rosalie. Quant aux deux enfants, ils s'appelaient Amélie et Aglaé, car le petit dauphin avait été habillé en fille.

(2) Second procès-verbal de la municipalité de Varennes.

L'ÉPICIER SAUCE.

Destez qui, ayant longtemps séjourné à Paris, le connaissait et avait affirmé à Sauce que c'était bien le roi.

Vaine explosion de soudaine et feinte tendresse ! Louis XVI a beau expliquer qu'on l'abreuve d'amertumes à Paris ; qu'il a quitté la capitale, mais qu'il n'a pas l'intention d'abandonner la France, les sujets fidèles dont il est le père ; que le but de son voyage est Montmédy ; qu'il ne passera pas la frontière ; personne ne le croit, personne ne se laisse prendre à ses mielleuses paroles. Fermement Sauce déclare au roi qu'il ne le laissera pas continuer sa route avant que la municipalité n'ait délibéré sur son cas.

La chambre où se tiennent le roi et la reine s'emplit de visiteurs, de curieux, sans cesse renouvelés. Quand Louis XVI dit sa résolution de ne point quitter la France, une voix s'élève narquoise, celle du père Géraudel, un fendeur d'échalas de Varennes, petit homme contrefait, aux jambes torses et noueuses comme un cep de vigne. Et la voix du père Géraudel jette, dans le rude patois du pays : « Mâ, Sire, je n'n'y fiânmes ! » (Mais, Sire, nous ne nous fions pas !) C'est la réponse qu'ont sur les lèvres tous les assistants. Le père Géraudel a traduit les sentiments de la population de Varennes.

Alors, devant le désastre, le roi, la reine, Madame Élisabeth ont recours aux moyens suprêmes.

Auprès des enfants de France qui, tout habillés, dorment sur un lit, on conduit la grand-mère de Sauce, une vénérable octogénaire ; on les lui montre, on tente d'émouvoir la pitié de cette vieille femme, dans l'espoir qu'elle engagera son petit-fils le procureur à être clément, à laisser partir les voitures royales.

Cependant Louis XVI, assure la tradition locale, a pris à part celui dont il est l'hôte, ou, pour mieux dire, le prisonnier. Il propose à Sauce sa puissante amitié, il lui promet des honneurs s'il consent à favoriser son départ. Sauce demeure inébranlable. Alors à cet humble procureur qui ne vit guère que de son métier d'épicier-chandelier, qui a femme et enfants, il offre un million! N'y a-t-il pas là de quoi griser ce petit paysan? C'est la fortune pour les siens et pour lui, l'indépendance pour la vie entière de ceux qu'il aime.

Or Sauce n'hésite point. De telles propositions n'indiquent-elles pas, sous une aveuglante clarté, les secrets desseins du roi de France? C'est bien la fuite à l'étranger, chez l'ennemi; c'est l'invasion à brève échéance, la guerre. Et Sauce, noblement, refuse la faveur de Louis XVI, les honneurs, le million.

L'aube est venue. Le tocsin a depuis longtemps déjà cessé, mais dans les rues de Varennes c'est un fourmillement de gardes nationaux, de paysans armés qui réclament à grands cris l'arrestation du roi.

Et M. de Bouillé qui est à huit lieues à peine, à Stenay, et qui n'arrive pas, à la tête de ses troupes, pour la délivrance!

Essayer de la violence? Tenter de passer, avec les quarante hussards dont disposent MM. de Choiseul, de Damas et de Goguelat? Mais les hussards boivent avec la foule, dans les auberges de Varennes: ils se sont mêlés aux patriotes; on ne peut plus compter sur eux. Et puis que pourraient quarante soldats contre cinq ou six mille hommes armés?

Non, il faut attendre M. de Bouillé : le jeune chevalier de Raigecourt est parti à franc étrier pour le prévenir. Un peu de patience ; vers huit heures, M. de Bouillé sera là. avec *Royal-Allemand*.

Et la foule qui. sans se lasser, vocifère et crie :

— A Paris. le roi, à Paris !

Il faut à tout prix. Louis XVI le sent bien, retarder le moment du départ pour Paris. Il importe de ruser encore, de temporiser en attendant Bouillé. puisque la fatalité semble s'acharner contre la famille royale (1).

Louis XVI se jette sur un fauteuil, il simule le sommeil. Madame Royale. elle aussi, sur le lit de Sauce, feint de dormir. Les minutes passent ; Bouillé ne doit pas être loin. Et à mesure que le soleil monte dans le ciel clair, l'espoir renaît chez les prisonniers de Varennes.

Sept heures ! Et M. de Bouillé ne paraît point ! Le

(1) En parlant de la destinée fatale de Louis XVI. il me revient en souvenir un fait qui paraîtra aussi étrange aux lecteurs qu'à moi-même.

Nostradamus, dont les prophéties gothiques semblent faites pour les almanachs, a écrit en toutes lettres, 200 ans à l'avance, les noms de VARENNES et de SAUCE.

Voici en effet ce qu'on peut lire dans les *Vrayes centuries et prophéties de maistre Michel Nostradamus*, imprimées à Amsterdam en 1668.

CENTURIE NEUFIÉSME

20. De nuict viendra par la forêts… des Reines
    Le moine noir en gris dedans VARENNES
  Eslu cap. cause tempeste, feu, sang tranche

34. Par cinq cens un trahyr sera tiltré.

  .   .   .   .

  Narbon et SAULCE par quartaux avons d'huille.

Explique qui voudra ou qui pourra. Remarquons aussi que la profession de marchand d'*huille* est ici accolée au nom de *Saulce* : or Sauce était épicier (*Louis XVI, Bouillé et Varennes*, par l'abbé Gabriel, Verdun 1874).

voici. Mais non : c'est M. de Romeuf. Il arrive de
Paris, porteur d'un décret de l'Assemblée nationale
ordonnant aux fonctionnaires publics, gardes nationales ou troupes de ligne, de prendre toutes les mesures possibles pour arrêter l'*enlèvement* de la famille
royale et l'empêcher de continuer sa route.

Cette fois, c'en est fait. Il faut partir. regagner Paris.

Non pourtant sans que Louis XVI ait épuisé les
dernières chances de salut. « Encore un instant, dit-il,
n'est-il pas possible d'attendre jusqu'à onze heures? »

Douloureux et humiliant aveu d'impuissance !

Et comme on refuse au roi cette grâce, il se rendort
ou plutôt feint de se rendormir vingt minutes (1).

C'est le tour de Mme de Neuville, une dame suivante.
Mme de Neuville se trouve mal dans les bras de la Reine,
à laquelle elle serre la main pour l'avertir que cette
indisposition est simulée. Et Marie-Antoinette de déclarer qu'elle n'abandonnera pas à Varennes la femme
dévouée qui l'a suivie, qu'elle ne partira pas sans elle.

Et Bouillé qui n'arrive pas! Que fait-il donc?

J'abrège. Le roi demande encore — il est sept heures
et demie — à s'entretenir quelques moments, seul,
avec les siens. On le lui accorde. Mais l'entretien se
prolonge, menace de s'éterniser, et au dehors s'enflent
les murmures. Allons! Cette fois, il faut partir. Les
voitures attendent : la famille royale y monte, les yeux
tournés vers Stenay d'où n'est pas venu le salut. Les
gardes nationaux servent d'escorte, Sauce à leur tête.
En route pour Clermont. en route pour Paris!

____

(1) Second procès-verbal de la municipalité de Varennes.

Les voitures n'avaient pas fait une demi-lieue, que le marquis de Bouillé et *Royal-Allemand*, passant comme une trombe à travers les vignes des coteaux de l'Aire, faisaient irruption dans Varennes !

** **

Il ne m'appartient pas de réhabiliter Sauce — en admettant que sa mémoire en ait besoin vraiment — et de le défendre contre les attaques dont il fut l'objet de la part des royalistes fervents. Je n'ai guère souci que de conter ce qu'il devint après la nuit historique du 21 au 22 juin 1791.

Je dois dire pourtant que Sauce, au cours de ces événements mémorables, me paraît avoir rempli avec intelligence, avec habileté, et aussi avec cœur, son rôle de syndic et de citoyen. Le roi était son hôte; il défendit que l'on touchât à sa personne et il ne cessa d'user envers la famille royale, abritée sous son toit, des plus délicats ménagements. Louis XVI l'en remercia. A quel propos? Ancelon nous l'apprend dans un ouvrage très documenté qui a pour titre : « La Vérité sur la fuite et l'arrestation de Louis XVI. »

Quand le roi quitta Varennes, Sauce, nous l'avons dit plus haut, l'accompagna. Il avait l'intention de pousser jusqu'à Paris, mais il ne dépassa pas Clermont, distant de Varennes de trois ou quatre lieues, subitement rappelé, par l'exigence de ses fonctions, dans la ville qu'il administrait. De retour chez lui, Sauce s'aperçut que les fugitifs avaient oublié différents objets, entre autres des couverts en vermeil. Il s'empressa de les adresser au ministre de la maison du roi, le

priant de lui en accuser réception. En marge de la
réponse du ministre, Louis XVI avait écrit de sa
main :

*Je remercie vivement M. Sauce et sa famille des
égards qu'ils ont eus pour moi, je leur en serai recon-
naissant toute ma vie.* Signé : Louis.

Nous verrons tout à l'heure dans quelles conditions
Sauce crut devoir détruire cette lettre, toute à l'honneur
de celui à qui elle fut adressée.

Qu'advint-il, après le 21 juin 1791, de celui que
tous les historiens appellent « le pauvre épicier-chandelier » ? Le pauvre épicier-chandelier? Certes, Sauce
n'était pas riche, mais il jouissait d'une certaine
aisance. Je n'en veux pour preuve que ce fait : l'Assemblée nationale avait attribué des récompenses en
espèces à « ceux qui avaient bien servi la chose
publique, dans les événements du 21 juin 1791 et
jours suivants. » La plus forte gratification (après
Droüet, porté pour 30000 livres) échut à Sauce :
20000 livres. C'était une somme; Sauce noblement la
refusa. Ou, pour être plus exact, il entendit n'en point
profiter ; il distribua les 20000 livres de l'Assemblée
aux gardes-nationaux de Varennes.

Les électeurs le récompensèrent d'autre sorte. Il
fut nommé greffier de la cour de justice criminelle du
département de la Meuse, séant à Saint-Mihiel, et
établie aux termes de la loi du 16 septembre 1791.

C'était la tranquillité pour la fin de son existence.
Mais cette quiétude ne fut qu'apparente.

Quelques mois après les événements du 21 juin, le
3 septembre 1792, à cinq heures du matin, les habi-

LA MAISON DE SAUCE.

(C'est la première à gauche, la plus haute de toutes.)

tants encore endormis, l'armée du duc de Brunwick, conduite et accueillie par les ennemis intérieurs du nouvel ordre de choses, faisait à Saint-Mihiel sa menaçante entrée. Le sieur Constant, maire de Rouvrois, un petit village des environs, accompagna de gré ou de force les soldats prussiens jusqu'à la place des Halles où, suivant un signal convenu, il indiqua, en frappant du pied d'une manière particulière, la demeure du citoyen Sauce. La maison de Sauce est immédiatement envahie. La noblesse ne pardonnait pas à l'ex-procureur de Varennes d'avoir contribué, pour une large part, à empêcher, l'année précédente, la fuite de Louis XVI.

Heureusement pour lui, à ce moment, Sauce, que l'on voulait fusiller et dont on voulait piller la demeure (1), était absent pour service public. Sa jeune femme, effrayée, se sauva par le jardin ; mais en essayant de gagner la maison voisine et en franchissant un mur mitoyen, elle tomba dans un puits. Les Prussiens eux-mêmes la retirèrent et lui donnèrent les premiers secours. Ce fut en vain : Mme Sauce, peu de temps après, expira, avec l'enfant qu'elle portait dans son sein. Pourquoi faut-il que toujours s'exerce la malignité publique? Certains prétendirent que Mme Sauce ne s'était pas noyée accidentellement et qu'elle s'était suicidée, pour échapper... à ses remords. Quels remords?

Vingt-deux ans plus tard, en 1814, les troupes prussiennes, de nouveau, entraient à Saint-Mihiel. Sauce,

---

(1) La maison fut en effet saccagée, tandis que le fils cadet de Sauce, arrêté par les Prussiens, était conduit à l'Hôtel-de-Ville de Saint-Mihiel, le pistolet sous la gorge.

redoutant une seconde visite domiciliaire, se hâta de
brûler une masse de papiers et de documents qui
avaient trait aux événements du 21 juin et parmi lesquels figurait la lettre, ou plutôt l'annotation écrite
par Louis XVI en marge d'une lettre. et dont nous
parlions tout à l'heure.

Il est infiniment regrettable que ces papiers aient
disparu; ils eussent contribué, sans aucun doute, à
projeter une vive lumière sur certains points, demeurés
obscurs, de l'arrestation du roi. Il est permis de croire
qu'ils nous eussent renseignés sur l'histoire du million.
Oui ou non, Louis XVI a-t-il offert pareille somme à
Sauce pour le laisser fuir ? La tradition orale le veut;
quelques habitants de Varennes, contemporains de
Sauce, assuraient, lors d'une enquête déjà lointaine,
le tenir du procureur de la commune lui-même. Mais
la tradition orale relève, pour le narrateur consciencieux et fidèle, de la légende plus que de l'histoire.
Et ce point des événements de juin 1791 risque fort
de rester longtemps encore dans l'ombre.

Sauce mourut à Saint-Mihiel, le 24 octobre 1825,
à l'âge de soixante-dix ans. Sa franchise, sa droiture
lui avaient concilié l'estime et l'affection de la ville
entière, les nobles exceptés, qui lui tenaient rigueur de
sa conduite en 1791 au point, nous l'avons vu, de conduire les Prussiens au pillage de sa maison.

De sa première femme, Marie-Jeanne Fournel, celle
dont nous avons conté la mort tragique, il avait eu
trois fils. (dont l'un devint lieutenant-colonel) et une
fille. Sa deuxième femme, Marie-Barbe Jacquot,
qu'il avait épousée en 1793, donna le jour à un fils.

La descendance de Sauce est aujourd'hui éteinte, ou à peu près.

*
* *

Je me suis étonné, au début de cet article, que l'ancienne maison de Sauce à Varennes, celle où la famille royale passa la nuit du 21 au 22 juin 1791, ne soit pas classée parmi nos monuments historiques. En vérité, que ne l'est-elle?

Cette maison est aujourd'hui la propriété du curé-doyen de Varennes (1) qui, dit-on, l'a acquise, voilà quelques années, avec l'intention bien arrêtée d'y faire construire une chapelle expiatoire. L'opinion publique affirme que le gouvernement de la République s'est opposé à l'exécution de ce projet. Il faut croire que l'opinion publique n'est pas trop mal renseignée, car le doyen de Varennes se contente de loger dans la maison de Sauce le joueur d'orgues de la paroisse. De chapelle expiatoire il semble bien ne plus être question. On me permettra de penser et d'écrire que le besoin ne s'en fait peut-être pas impérieusement sentir.

22 juin 1901.

(1) Cela était vrai en 1901, au moment où fut écrit cet article. Depuis lors, le doyen de Varennes est mort, et la maison de Sauce a été achetée par M. Evrard, maire de Varennes.

V

LE PEINTRE DE DAMVILLERS

JULES BASTIEN-LEPAGE

La belle gravure que nous publions ici (*Le Mendiant*) ressuscite une de mes plus chères et plus vives impressions de prime jeunesse, celle que me laissa une visite à l'Exposition des œuvres de Jules Bastien-Lepage, organisée en mars 1885, quelques semaines après la mort de l'artiste, à l'hôtel de Chimay devenu une dépendance de l'École des Beaux-Arts. A l'exception de cette *Jeanne d'Arc* qui avait suscité, au Salon de 1880, tant d'enthousiasmes à côté de tant de féroces jalousies, toutes les œuvres du regretté peintre étaient là, témoignant d'un labeur intense et d'une extraordinaire souplesse de talent : lumineuses toiles de plein air; sobres intérieurs; portraits d'une étonnante virtuosité, où éclate la vie, où rayonne l'âme; ébauches et dessins d'une robuste et saine poésie.

Parmi les grandes toiles. *Les Foins,* — dont s'enor-

gueillit le musée du Luxembourg — *Saison d'octobre*
et *Le Mendiant*, que nous reproduisons, fixaient plus
particulièrement l'attention. Comme la *Jeanne d'Arc*,
que son propriétaire, un Américain, ne voulut pas
prêter, à cause des lois de douane de son pays, *le
Mendiant* avait failli ne figurer point à cette exposition. Le tableau, après son triomphe au Salon de 1881,
avait été vendu par l'artiste. Et son détenteur refusait
obstinément, quatre ans plus tard, de le prêter. Le
frère du peintre, Émile Bastien-Lepage, dut le rache-
ter à celui qui ne voulait s'en dessaisir qu'à prix d'argent. C'est ainsi qu'il fut permis aux visiteurs d'admirer, une fois de plus, une des œuvres les plus
personnelles, les plus impressionnantes par le mini-
mum de moyens, — je ne dis pas : les plus sincères,
car elles le sont toutes — du jeune artiste fauché à
trente-six ans (1). *Le Mendiant* est aujourd'hui la
propriété d'un Mécène danois, le riche et généreux
M. Jacobsen, ami des arts, qui nous a bienveillam-
ment autorisé à le reproduire.

Où fut conçue, où fut exécutée cette toile d'obser-
vation aiguë et de scrupuleuse vérité?

Nul ne pouvait me renseigner mieux, à l'intention
des Meusiens, que M. Émile Bastien-Lepage qui,
lui-même artiste de talent, porte sans faiblir un nom
malaisé à porter, et dont le fraternel dévouement ne
fit pas, aux heures difficiles, un instant défaut à son
glorieux aîné. Une étroite amitié, comparable à celle

(1) Fils de Claude Bastien et de Catherine-Adèle Lepage, Bastien-
Lepage naquit à Damvillers le 1ᵉʳ novembre 1848; il s'éteignit à Paris,
le 10 décembre 1884.

d'Edmond pour Jules de Goncourt, de Victor pour
Paul Margueritte, des Rosny, unissait les deux frères.
La Mort seule, toute puissante, parvint à les séparer.

Dans le vaste atelier du cottage de Neuilly, tout
rempli de toiles, d'esquisses, de dessins, voire de
sculptures sur bois et de bas-reliefs d'un Jules Bastien-Lepage insoupçonné du commun, nous avons
longuement causé, Émile Bastien et moi, de l'absent
qui ne reviendra pas. Nous avons évoqué le doux pays
natal que Jules chérissait de toute sa vibrante âme
d'artiste, où il aimait à se retremper, où il rêvait de
retourner vivre un jour : l'aimable bourg de Damvillers, et la Thinte, la riviérette au nom exquis, et les
bois et la plaine qui servirent de fond à la plupart des
tableaux de l'aîné. Nous nous sommes rappelé l'hospitalière maison de chaud accueil où les deux frères
virent le jour; où, dans les greniers spacieux, Jules
Bastien-Lepage avait installé son atelier. Et nous avons
grelotté au souvenir de cette journée de septembre 1889
où la pluie glacée tombait à seaux, tambourinait sur
les parapluies, tandis qu'on levait le voile de la statue
de Jules Bastien-Lepage par Rodin, et que devant le
monument coulaient, rejoignant les flaques d'eau
bourbeuse, des flots d'éloquence (1). Et nous avons
évoqué le stoïcisme du sénateur Boulanger pronon-
çant son discours, ce dimanche de maussade arrière-

(1) L'inauguration de la statue eut lieu le 29 septembre 1889, sous
la présidence de M. Boulanger qui prononça son discours devant le
monument. Les autres orateurs, chassés par une véritable trombe d'eau,
durent se réfugier au marché couvert, où prirent successivement la
parole MM. Larroumet, directeur des Beaux-Arts; Dagnan-Bouveret,
Ad. Bouilly, Camille Fistié, Henri Amic et Goujon.

saison, sous le fallacieux abri d'un « pépin » campagnard de coton vert, vaste pourtant comme un toit.

*
* *

Notre causerie dérivait. Et peu à peu nous glissions vers un Bastien-Lepage familier, intime, d'une si pénétrante sensibilité, d'un si grand cœur, fils et frère très tendres. Je rappelais ce trait que Theuriet a conté. Lorsqu'il emboursa ses premiers gains sérieux, vers 1879, Jules Bastien fit venir sa mère à Paris, la conduisit dans un grand magasin et fit déplier devant elle des coupons de robe de soie : « Montrez toujours, disait-il au vendeur, je veux que maman choisisse ce qu'il y a de mieux! » Et la pauvre petite mère, effarouchée à la vue de ce beau satin noir qui se tenait debout et qu'elle n'osait toucher, avait beau protester « qu'elle ne mettrait jamais cela », il lui fallut céder.

Nous parlions encore, sans cure des transitions, sautant à travers les années, de l'effarement des gens de Damvillers devant la statue du « petit Bastien » par Rodin. Quel scandale! Comment? Le puissant sculpteur avait osé représenter Jules, chaussé de guêtres mi-déboutonnées! Le fait est que Rodin avait saisi le peintre insoucieux de sa toilette, en pleine fièvre de travail. de vision, la palette d'une main, le pinceau de l'autre, l'œil attentif, scrutant la vaste plaine blonde de soleil, prêt à fixer sur la toile la chaude lumière, les blés mûrs ou les regains d'automne. Et l'on en est à peine revenu, à Damvillers...

Puis je reparlais du *Mendiant*, objet de ma visite :

LE MENDIANT.

Par J. BASTIEN-LEPAGE. — Gravure de GUÉRELLE.

— Il a été fait à Damvillers, me disait Emile Bastien. Ce vieux loqueteux a été pris sur le vif. Qui sait depuis combien de temps il truchait son pain, dans le village et aux alentours? L'huis entrebaillé, d'où l'observe la fillette qui vient de lui faire l'aumône, c'est la porte même de notre maison.

Et les souvenirs de s'égrener, s'accrochant aux tableaux, aux dessins de l'atelier.

Avide d'inédit, je demande :

— La jeune fille qui nous servit au banquet de 1889, le jour de l'inauguration de la statue, et qui avait posé pour la *Jeanne d'Arc,* qu'est-elle devenue?

— Jeanne d'Arc? Mariée..., à Paris..., elle a épousé un sergent de ville.

Dans l'esquisse d'un tableau que rêvait de faire Bastien-Lepage : *L'enterrement d'une jeune fille au village,* je crois reconnaître la paysanne des *Foins.*

— Mais oui, c'est bien elle qui tient un des rubans de la bannière portée par sa sœur. Ce sont, c'étaient des « Enfants de Marie ».

On retrouve, dans le beau dessin que nous publions, la paysanne lasse des *Foins,* la vraie campagnarde harassée de fatigue, assise sur l'herbe à côté du travailleur endormi, et que l'on peut admirer au Luxembourg.

Nombreux sont, en cet atelier de Neuilly, les tableaux que Bastien laissa inachevés, soit qu'il en ait de lui-même, peu satisfait, interrompu l'exécution; soit que la maladie, puis la mort, l'aient empêché de les reprendre.

Voici l'ébauche d'un Diogène accroupi, sa lanterne

auprès de lui. Voici l'esquisse peinte d'une *Ophélie* : l'héroïne de Shakespeare, affaissée contre un saule, glisse, sans s'en douter, vers l'eau attirante. C'est Bastien-Lepage qui a renoncé à son *Ophélie* dont le visage et le costume, la casaque lacée et la robe droite rappelaient par trop la *Jeanne d'Arc*. Voici encore l'esquisse d'un *Job* demeuré à l'état de projet.

En causant ainsi, à bâtons rompus, nous délaissons les jours glorieux de la célébrité pour remonter aux années difficiles. Sait-on que, vers 1872, Bastien-Lepage fit une enseigne-réclame pour un fabricant de lait antéphélique? Comme Greuze, comme Watteau, qui peignirent des enseignes, l'un pour le père Nicolle, marchand de tabac, l'autre pour une modiste; comme Prud'hon, Géricault, Gavarni, Delacroix, Horace Vernet; comme Vollon qui exécuta un panneau de plein air pour servir d'enseigne à son crémier de Bessancourt — Jules Bastien fit une enseigne.

L'artiste, pour tâcher de gagner quelque argent, peignait des éventails que, trop indépendant, trop sauvage, il ne parvenait pas d'ailleurs à placer. Un beau jour, un commerçant, inventeur d'un lait destiné à supprimer les fâcheuses taches de rousseur, lui commanda une réclame pour son produit. Bastien-Lepage, sans grand enthousiasme, lui peignit des groupes de jeunes filles vêtues à la moderne, en marche vers une fontaine où gambadaient des amours jouf-flus. Le fabricant était ravi.

Sur ce, Bastien-Lepage manifesta l'intention d'envoyer au Salon cette allégorie. Son client l'y autorisa, à une condition toutefois : c'est qu'au-dessus de la

L'ENTERREMENT D'UNE JEUNE FILLE AU VILLAGE.

Esquisse de J. BASTIEN-LEPAGE.

fontaine aux Amours. sur une banderole aux couleurs voyantes, se lirait, avec le nom du lait de Jouvence, l'adresse de la maison de vente. Le peintre s'y refusa, comme on pense. Et sa composition figura telle quelle au Salon de 1873. Mal placée, elle n'attira pas l'attention. Mais l'année suivante, le merveilleux *Portrait du grand-père* venait apporter à Bastien-Lepage le premier rayon de la gloire (1).

En 1875, l'artiste concourait pour le prix de Rome. Son œuvre — *L'Annonciation aux Bergers* — fort remarquable. d'un très personnel accent. mais traitée absolument en dehors de la convention académique, n'eut pas l'heur de plaire au jury qui lui préféra la toile de M. Comerre; Bastien-Lepage ne fut pas envoyé, aux frais de l'État. à la villa Médicis. Et sans doute il faut se féliciter de cet échec très relatif.

Mais ce détail des débuts de l'artiste est connu. Je n'y veux pas plus insister que sur l'étude même de son œuvre. faite maintes fois par des critiques autorisés.

Peut-être sera-t-on plus curieux d'apprendre quel chiffre ont atteint certaines des plus fameuses toiles de Bastien-Lepage. *Les Foins,* dont il était question tout à l'heure et qui sont au Luxembourg. ont été acquis par l'État — m'a révélé Émile Bastien-Lepage — moyennant 25000 francs. *Saison d'Octobre* a été cédée par le peintre, à un riche collectionneur anglais,

(1) Ce portrait, qui fit le jeune maître illustre en un jour, moisissait depuis plus d'un an, sans cadre, au mur du restaurant du Rocher. rue Saint-Benoît, quand Bastien-Lepage, sur le conseil de Paul Arène, se décida à l'envoyer au Salon.

8 avril — Soir

Chère petite mère   j'ai reçu ce matin
au réveil   ta lettre et les rideaux
que tu as brodés pour moi; c'est
de tout mon cœur que je te remercie
car ils me donnent toutes les joies,
celle de les tenir de toi, et celle
de les voir si jolis et si admirés
des amis qui me viennent voir —

L'un deux est tendu avec
des épingles sur une tenture de
mon atelier, et, étalé en manière
d'exposition on peut jouir de tous
les détails et de tout l'amour que
tu as mis à les composer comme
à les broder. — Rien ne m'a
échappé de tes intentions, j'y
ai vu la petite palette, comme
un blason sur le chiffre —

Oui, bonne petite mère ce
blason là, je le dois à la façon
dont notre pauvre père et toi
avec le grand père avez
façonné mon cœur —

Si par le travail et l'amour de mon art je puis faire que les armes que tu m'as mises sur mon chiffre, s'agrandissent, le plaisir que j'en aurai sera surtout dans la satisfaction de t'avoir rendu heureuse, toi et les miens. —

Merci chère petite mérotte embrasse le grand père pour moi et prends les bons baisers que t'envoie de tout cœur

ton jules

AUTOGRAPHE DE J. BASTIEN-LEPAGE.

pour 80 000 francs. A la vente des tableaux de Bastien-
Lepage, qui eut lieu les 11 et 12 mai 1885, galerie
Georges Petit, *le Mendiant* monta à 21 000 francs ;
La Récolte des pommes de terre (Salon de 1879) fit
29 100 francs ; *l'Annonciation aux Bergers* (2º second
grand prix de Rome en 1875) 23 800 francs ; un petit
portrait de Mme X..., 11 500 francs. Quant à la
Jeanne d'Arc, qui figure dans un musée de l'Amérique
du Nord, à Boston ou à New-York, elle a été vendue
d'emblée 70 000 francs, et finalement revendue
150 000 francs. Ce n'est pas le prix de tel tableau de
Paul Potter — la *Vache,* si j'ai bonne mémoire —
qui atteignit 800 000 francs, ou de l' *Angelus,* de J.-F.
Millet, qui monta à plus d'un demi-million. C'est
tout de même un joli denier.

Mais un chiffre, quel qu'il soit, est-ce la consécra-
tion d'un talent ou le criterium d'une renommée?...

*
* *

L'ombre, peu à peu, envahit l'atelier d'Émile
Bastien. Or, au jour mourant, les portraits de famille
sourient dans leurs cadres d'or, plus affables, plus
accueillants encore qu'en pleine lumière : le grand-
père au visage socratique, le père des deux artistes,
la bonne petite maman que l'on aimait d'un tel amour !
Et je songe aux touchantes lettres adressées par Jules
Bastien-Lepage aux amis, le graveur Charles Baude,
André Theuriet, H. Amic, aux lettres si pleines de
tendresse, où il parle des siens avec tout son cœur.
A côté de l'artiste épris de vérité et de poésie, toujours
en quête de son idéal, il y avait l'homme sensible,

MAISON NATALE DE J. BASTIEN-LEPAGE, A DAMVILLERS.

impressionnable à l'excès, et d'une si charmante cordialité. Ou plutôt l'artiste et l'homme se mêlaient, se fondaient harmonieusement en lui; ils n'étaient plus qu'un, quand Jules Bastien-Lepage écrivait ces lettres, primesautières comme son talent, d'une savoureuse originalité, et qu'embaume le vivifiant parfum du ciel natal.

Ne seront-elles pas un jour réunies et imprimées? Je n'ai pas osé le demander à Émile Bastien. Mais combien cela serait désirable! Sans doute il est des grands hommes à qui fait tort la publication de leurs lettres. Rien à redouter ici, parce que Bastien-Lepage ne cessa d'être un sincère, un loyal, un amoureux de son métier, un passionné de son art, et qu'il n'y eut, en son existence, nulle mesquinerie.

VI

DEUX BASTIEN-LEPAGE INÉDITS

Le premier article que nous avons consacré à Jules-Bastien Lepage renferme une gravure sur bois du *Mendiant*, une esquisse et un autographe de notre célèbre compatriote.

Nos lecteurs, qui sont des admirateurs du grand peintre, nous sauront gré sans doute de mettre sous leurs yeux deux autres œuvres intéressantes de Bastien-Lepage, deux de ces vivants portraits qui assurent à l'illustre Meusien l'immortalité et le placent entre Holbein, Dürer et Clouet.

Ni l'une ni l'autre de ces toiles ne figura, croyons-nous, à l'exposition de Bastien-Lepage, quai Malaquais, en mars 1885. Aux seuls habitants de Bar-le-Duc et de la région avoisinante; aux seuls touristes qui visitent le musée du chef-lieu de la Meuse, il est donné de contempler les deux portraits de Paulin Gillon et de Billy, ancien député de Montmédy, par Bastien-Lepage. Il s'agit donc d'œuvres — nous allions écrire de chefs-d'œuvre — en quelque sorte inédites.

Les voici, grâce au talent de Jarraud, popularisées — si le mot ne choque pas trop — par la gravure. A voir ces vivants portraits : celui de Paulin Gillon, plus *fait*, plus académique, un peu froid peut-être, trahissant les influences de l'École, d'un dessin ferme, sobre et précis comme celui d'Ingres ; et le portrait de Billy, plus largement traité, plus « enlevé », d'un si puissant intérêt, ne jugera-t-on point qu'il eût été dommage de les laisser jalousement à la joie de quelques yeux ?

A côté des pages que tout le monde connaît : paysages tels que *Les Foins* et *La Récolte de pommes de terre* ; portraits tels que ceux du grand-père, de Sarah Bernhardt, d'Andrieux, du prince de Galles, les portraits de Paulin Gillon et de Billy font « louable figure ».

Qu'il nous soit permis de consacrer quelques lignes aux gloires meusiennes dont Jules Bastien-Lepage a fixé les traits.

*
* *

Paulin Gillon — grand-oncle de M. Raymond Poincaré, aujourd'hui sénateur de notre département, après avoir été député près de dix-sept ans et, tout jeune, trois fois ministre — naquit le 22 juin 1796 à Nubécourt, village de la vallée de l'Aire. Il était le frère puîné de Jean-Landry Gillon, avocat à Bar-le-Duc, élu député de la Meuse en 1830, puis procureur général près la cour d'Amiens, enfin avocat général à la Cour de cassation, Ce fut, rappelons-le, Jean-Landry Gillon

PORTRAIT DE PAULIN GILLON.

Par J. Bastien-Lepage. — Gravure de Jarraud.

qui demanda que les circonstances atténuantes, en cour
d'assises, fussent laissées à l'appréciation des jurés et
non à celle des juges.

Comme son frère, Paulin Gillon fut avocat et député de la Meuse. Il représenta ce département à
l'Assemblée constituante de 1848; l'année suivante il
fut réélu à l'Assemblée législative. Déchu au coup
d'État du 2 décembre 1851, Paulin Gillon administra
la ville de Bar-le-Duc (1). Les électeurs l'envoyèrent de
nouveau à l'Assemblée nationale, le 8 février 1871,
durant l'occupation allemande; il garda son siège jusqu'en janvier 1876. Après une existence toute de labeur
et de loyauté, Paulin Gillon mourut dans son village
natal. le 1er novembre 1878.

*
* *

Sur les bancs de l'Assemblée nationale, en 1871, à
côté de Paulin Gillon, siégeait Eugène Billy. Né le
30 mars 1820, à Metz — par conséquent doublement
Français — Billy, conseiller de préfecture dans cette
ville, fut révoqué en 1849 pour ses opinions politiques.

Quand vint le coup d'État du 2 Décembre, son nom
était d'avance marqué pour l'exil. La commission
mixte n'ayant pas osé siéger ouvertement à Metz, Billy
fut appelé à comparaître séparément devant le général
Marcy-Monge, le procureur général de Gérando et le
préfet comte Malher. Grâce à l'intervention d'amis
influents, Billy ne fut condamné par ses juges qu'à
l'internement dans le petit chef-lieu de canton de Spin-

---

(1) C'était bien le moins que son portrait fût à ce musée de Bar-le-Duc,
qu'il a, dans une large mesure, contribué à fonder.

court. Il s'occupa d'agriculture et se fixa dès lors dans ce village où il passa la plus grande partie de son existence.

Lors des événements de 1870, la maison d'Eugène Billy devint le refuge des échappés de Sedan et de Metz auxquels ce dévoué patriote fournit, de ses propres deniers, les moyens de rejoindre les corps d'armée de Faidherbe et de Chanzy.

Élu député de la Meuse à l'Assemblée nationale (8 février 1871), à Bordeaux, et à la Chambre en février 1876, il fut réélu le 5 mai 1878.

Billy trépassa quelques semaines après son ancien collègue Paulin Gillon, le 22 novembre 1878.

* *

Mme Billy survécut vingt-cinq ans à son mari. A sa mort, dans les derniers mois de 1903, elle léguait au musée de Bar-le-Duc le portrait de l'homme bienfaisant, loyal et doux, qui avait uni sa destinée à la sienne.

Quant au portrait de Paulin Gillon — une toile haute de 1^m.50, large de 1^m.20 — voilà plus de vingt ans ans déjà, si nos renseignements sont exacts, qu'il est au musée de Bar, dans la galerie des illustrations meusiennes.

De quelle époque au juste datent-ils? Nous l'avons demandé à Émile Bastien-Lepage qui garde à son illustre aîné un souvenir si ému ; nous l'avons demandé aussi à André Theuriet, qui fut l'ami de Jules Bastien. Ni Émile Bastien-Lepage ni Theuriet n'ont pu définitivement nous fixer. Il semble bien que le portrait de Paulin Gillon ait été exécuté sur commande, posté-

PORTRAIT D'EUGÈNE BILLY.

Par J. Bastien-Lepage. — Gravure de Jarraud.

rieurement à la mort de l'ex-député, pour être offert au musée de Bar-le-Duc. Il serait ainsi « de deuxième main » ; on le peut dater de 1879 ou 1880, mais il est si dissemblable, de facture, des portraits peints vers ce temps-là par Bastien-Lepage (1) !

Celui d'Eugène Billy, fait de souvenir et d'après une photographie, doit être également de 1879.

Moins poussé que le premier, mais plus enveloppé, plus séduisant, et de plus d'accent, il a été, selon Émile Bastien-Lepage, offert par son frère à Mme Billy. Et ce fut apparemment dans la maison de Damvillers que Jules-Bastien-Lepage termina cette merveilleuse toile.

(1) Notre confrère, M. Alfred Pierrot, rédacteur en chef du *Journal de Montmédy*, nous écrit à ce sujet : « Le portrait de Paulin Gillon était à l'exécution lors de l'exposition de 1878, où il fut vu par mon père, qui visita l'atelier de Bastien-Lepage ». Et s'il faut en croire M. Camille Fistié (discours prononcé lors de l'inauguration de la statue du peintre à Damvillers). Jules Bastien n'aurait fait qu'entrevoir Paulin Gillon, à une gare de chemin de fer.

VII

LA PORTE CHAUSSÉE, A VERDUN

Il n'est plus guère de villes en France pour avoir,
autant que Verdun-sur-Meuse, gardé leur originale
physionomie d'antan.

Cette vieille place forte, célèbre dans l'histoire, —
le traité de 843 y fut signé dans une maison qui subsiste (1), et l'on connaît les sièges de 1792 et de 1870,
— n'a pas encore été démantelée et ne le sera pas de
sitôt. Elle conserve son corset de murailles trouées
par les boulets ; ses glacis plantés d'arbres et semés
de gazon ; la tour romane dite de Saint-Vannes, ves-
tige d'une abbaye fameuse, et qui dresse sa silhouette
dépaysée parmi les bastions de Vauban (2) et les parcs
d'artillerie.

(1) Au moins, on l'assure. Cette maison est sise place de la Made-
leine, non loin de la cathédrale.

(2) A la vérité, ainsi que nous l'écrit M. H. Lemoine, la construction
de la citadelle fut commencée par l'ingénieur Errard et achevée par
Marillac. Mais Vauban apporta des modifications dans la forteresse.

Surtout, surtout, des âges révolus où la cité possédait des évêques-comtes, princes du Saint-Empire, et où ses bourgeois luttaient pour le maintien des franchises communales, demeure un imposant témoin de pierre, cette Porte Chaussée dont voici une superbe gravure sur bois.

Ces deux belles tours jumelles, dont l'architecture rappelle celle de la Bastille. s'ouvraient jadis sur un grand pont franchissant la Meuse et qui donnait accès sur la campagne. Ce pont, appelé d'abord Pont-à-la-Gravière, à cause du terrain de sable et de gravière où reposaient ses assises, puis de Dame-Deie (Domus Dei) en raison de la proximité d'un hôpital, prit le nom — qu'il a gardé — de Pont de la Chaulcie ou de la Chaussée. quand le riche bourgeois Constantius et sa femme Efficia firent établir au bout du pont une large chaussée pour servir de chemin aux voyageurs en même temps que de digue contre les eaux du fleuve, qui souvent inondaient le terrain avoisinant.

La tour s'appela comme le pont.

Elle fut édifiée en 1380. grâce à la libéralité de Jehan Wautrec, « citain et doyen de la laïc (séculière) justice de Verdun ». c'est-à-dire le premier magistrat de la Ville.

Sous la longue et habile administration de Jehan Wautrec. la *Commune* obtint la plénitude de sa liberté : elle en usa pour faire construire la première grande enceinte de Verdun, nommée le Grand Rempart. Au point où se terminait le nouveau Grand Rempart, Wautrec donna l'ordre de bâtir à ses frais une belle et haute tour géminée. plus belle et plus haute que les

vingt-cinq ou trente autres qui, s'élevant au-dessus des
remparts ou dans l'intérieur de la Cité, rendaient alors,
avec ses nombreux clochers (1), la vue de Verdun si
pittoresque. Elle devait servir à la défense et faire à la
ville guerrière une entrée de soixante pieds de hauteur. imposante, majestueuse, grâce à sa couronne de
créneaux, sa bordure de mâchicoulis en saillie et ses
deux grands bras où, naguère encore, pendaient les
chaînes d'un pont-levis.

Le savant abbé Clouët et l'abbé Gabriel, qui ont
écrit l'histoire de Verdun — celui-là autrement original
que celui-ci — nous ont narré les destins divers de la
Tour Chaussée.

Enfin, un poète verdunois, M. Ad. Bouilly. l'a
chantée en ces beaux vers :

> La vieille tour, un soir, au bord des lentes eaux,
> Dressant son front sévère et casqué de créneaux,
>   Ouvrant sa bouche d'ombre noire
> Où pend encor la herse, à monstrueuses dents,
> Et fixant sur moi ses deux yeux, deux trous ardents,
>   M'a dit du fond de son histoire :
>
> — Avec ma force abrupte, avec mes murs altiers,
> OEuvre de Jean Wautrec, Maistre-Roy des Mestiers,
>   Par le cœur et par la fortune,
> Je demeure l'emblème exact de la cité
> Qui conquit et garda la pleine liberté
>   D'une rude et forte commune.
>
> Combien de fois j'ai vu les Arbalétriers,
> Les gens de la Milice et les Arquebusiers,
>   « Ameutés au son de la Mute »,

(1) Suivant une antique chronique, il y avait à cette époque à Verdun plus de *trente* clochers.

Planter là leurs métiers, et d'un pied ferme et prompt,
Accourir vers mes murs, monter jusqu'à mon front,
    Pour soutenir quelque âpre lutte !

Robustes cœurs de fer sous leurs habits de fer,
Ces Communaux, d'esprit aussi subtil que fier,
    Déjouaient toutes les surprises,
Et contre leur Évêque ou contre l'Empereur
S'insurgeaient, toujours prêts à défendre sans peur
    Leurs irréductibles franchises.

Ah ! ce sont leurs vrais fils, leurs descendants virils,
Qui naguère, en l'année aux tragiques périls,
    Braves que rien ne désespère,
En rendant coup pour coup au Teuton rançonneur,
Ont effacé la honte entachant leur honneur
    Depuis la mort de Beaurepaire.

Et vous, les héritiers de ces vaillants aïeux,
Puissiez-vous en rester dignes ! De votre mieux
    Conservez leurs mâles audaces !
S'il faut défendre encor le droit, la liberté,
Montrez que vit toujours dans la vieille cité
    L'âme des Communaux tenaces !

*
* *

Aux documents — connus de tous les Meusiens — fournis par les abbés Clouët et Gabriel, ajoutons quelques renseignements, dont certains de date récente et que la mort les a, l'un et l'autre, empêchés de donner.

En 1690 — la Tour Chaussée comptait déjà plus de trois cents ans d'existence — on s'aperçut que la gémelle de gauche prenait charge et fléchissait considérablement. La Ville, quoique les fortifications ne lui appartinssent plus à cette époque, restait propriétaire de la porte de Jehan Wautrec. Elle fit alors démolir la partie qui menaçait ; on en numérota les pierres et

on rebâtit la Tour avec les mêmes matériaux qui avaient
servi à sa construction. Rien ne fut changé à la disposition générale. L'entrée, seule, fut modifiée : au lieu
de l'arcade ogivale qui existait, on dessina, suivant le
goût du temps, l'arcade à plein cintre et le fronton
d'ordre toscan actuels.

La ville, en 1755, probablement pour être déchargée
d'un entretien constant et dispendieux, abandonna la
Tour de la Chaussée au gouvernement, qui avait besoin
d'une prison militaire à Verdun. Et pendant plus d'un
siècle, jusqu'en 1860 exactement, l'œuvre de Jehan
Wautrec resta prison pour la troupe.

Vers 1880 l'autorité militaire, toute puissante dans
une ville qui compte actuellement, avec les forts, près
de quinze mille hommes de garnison (la population
civile ne dépasse guère treize mille âmes) estima que
le passage constitué par la voûte de la Tour n'était pas
assez large pour donner facilement issue aux troupes en
cas de presse ou de guerre. Le génie eut alors la pensée
d'ouvrir une seconde porte dans la gémelle de gauche,
celle qui avait été reconstruite. On songea même, dit-
on, à jeter bas la vieille Tour.

Les Verdunois s'émurent fort d'un tel projet : les
journaux locaux protestèrent énergiquement, des ré-
clamations furent adressées en haut lieu... et la Porte
Chaussée fut conservée.

Toutefois on supprima le pont-levis, inutile avec le
système de défense moderne ; on remblaya le pied de
la Tour jusqu'au niveau du tablier du pont ; on élargit,
des deux côtés, l'extrémité du pont désormais immo-
bile ; enfin, on ouvrit aux troupes, dans le rempart

voisin, un large passage donnant sur le pont élargi.

Ce fut alors, et pour éviter à l'avenir d'autres dégradations, que d'heureuses influences obtinrent le classement de la Tour Chaussée au nombre de nos monuments historiques (1). Le ministre des Beaux-Arts était M. Jules Ferry. L'arrêté est du 21 mars 1881.

L'administration militaire, qui aurait dû rendre la Tour Chaussée à la ville, — puisque la ville lui en avait fait abandon en 1755 — a jugé plus utile de la mettre en adjudication.

Verdun l'a rachetée, assez récemment, pour la somme de 5025 francs.

Depuis un certain nombre d'années, la Tour Chaussée est affectée aux réunions des différentes sociétés musicales de la Ville pour leurs répétitions, et le Conseil municipal actuel ne songe pas, que nous sachions, à modifier cette affectation. Maintenant, au murmure des eaux lentes, se mêlent, non plus le cliquetis des armes, mais les sons de quelque valse d'Olivier Métra ou de quelque morceau d'opérette en vogue.

Outre les trois pièces occupées par les sociétés, il existe, au rez-de-chaussée de la Tour, un magasin pour les outils des cantonniers de la Ville et, reste de l'ancienne affectation, un cachot fermé d'une porte massive, assujettie par d'énormes gonds, une serrure et un verrou à l'avenant, etc.

---

(1) Les monuments historiques, assez nombreux dans les arrondissements de Bar-le-Duc et de Commercy, le sont moins dans celui de Verdun où l'on en compte cinq seulement : la Tour Chaussée et l'Hôtel de Ville, à Verdun ; l'église d'Étain ; l'église et les ruines de l'ancienne abbaye de Lachalade ; une croix reliquaire du XIIIe siècle dans l'église de Souilly.

VERDUN. — LA PORTE CHAUSSÉE.

Gravure de PUYPLAT.

Dans le sous-sol, de petites caves ou cellules — de
trois à quatre mètres de longueur sur deux de largeur
— fermées comme le cachot. Au mur de chaque cel-
lule est fixé un gros anneau auquel on attachait le prisonnier, récalcitrant ou non.

Du haut du parapet, on jouit d'une vue splendide
sur les quartiers de la ville basse et la campagne voisine, les coteaux plantés de vignes, les forêts toutes
proches... et les ouvrages fortifiés qui font de Verdun
la plus redoutable des forteresses.

VIII

UNE CHASSE A L'HOMME

A RAMBLUZIN (1815-1816)

Peut-être nul roman d'imagination — qu'il s'agisse
de ceux de Dumas père ou de Ponson du Terrail —
ne dépasse-t-il en intérêt comme en invraisemblance
le récit véridique de la vie de Jean-Baptiste Droüet (1),
auteur principal de l'arrestation de Louis XVI et de
la famille royale dans la bourgade de Varennes-en-
Argonne, le 21 juin 1791.

Celui qui ressemblait si étrangement à Louvel,
néfaste comme Droüet à la maison de Bourbon, eut
bien l'existence la plus mouvementée, la plus tour-
mentée qui se puisse rêver : il fut tour à tour, au gré
des caprices du Destin, maître de poste, député, sous-
préfet, garçon d'écurie, ouvrier bottier, maître tail-
leur, fabricant d'eau-de-vie de sarments de vigne,

(1) On écrit généralement : Drouet, mais la véritable orthographe est
Droüet, avec un tréma sur l'u.

enfin mécanicien. D'humble naissance, ce personnage, dont l'Histoire retiendra le nom alors que d'autres plus illustres seront voilés d'oubli, mourut humble aussi et ignoré, loin des siens, ayant connu toutes les ivresses du triomphe et toutes les angoisses de la pire fortune.

L'événement de Varennes ayant acquis à Droüet une popularité dont on se ferait malaisément une idée aujourd'hui, le maître de poste est élu député suppléant de la Marne à la Législative, puis à la Convention Nationale, où il siège sur les bancs de la Montagne, aux côtés de Marat, de Robespierre, de Saint-Just et de Couthon. Naturellement, lors du procès de Louis XVI, il vote pour la mort du roi. Envoyé en mission à l'armée du Nord, Droüet, le 20 octobre 1793, est fait prisonnier devant Maubeuge bloquée par le prince de Cobourg et les Autrichiens. L'ennemi l'enferme dans une cage de fer où, sans l'aide d'un meunier compatissant, il risquait fort de mourir de faim. Détenu à Bruxelles, puis à Luxembourg, puis dans la fameuse forteresse morave du Spielberg, il cherche un moyen de s'évader. Inspiré par le souvenir des petits parachutes qu'il avait vu naguère jeter par Blanchard au Champ-de-Mars, il fabrique avec les rideaux de son lit une sorte de vaste parasol, auquel, la nuit venue, il se suspend, et se laisse tomber du haut de la citadelle. Mais, dans sa chute, il se casse le pied. On le réincarcère. Et c'est seulement un an plus tard qu'il sort de prison, pour être échangé, avec quelques autres conventionnels prisonniers, contre Madame, fille de Louis XVI.

La liberté rendue à Droüet, notre homme n'en use
que pour donner libre cours à ses instincts de conspirateur et former avec Gracchus Babeuf, Darthé, Amar,
Buonarotti, un plan d'insurrection en vue de ren-
verser le Directoire et de détruire la Constitution de
de l'an III. Le complot découvert, voilà Droüet arrêté
et de nouveau jeté en prison, à l'Abbaye. L'échafaud
le guette, ou du moins il se l'imagine. Il s'évade le
18 août 1796, en se glissant, cette fois, dans un tuyau
de cheminée, prend part, dans la nuit du 9 au 10 septembre, à l'attaque du camp de Grenelle, et ne doit
son salut qu'à une laitière qui, moyennant finances,
le cache sous la paille de sa voiture. Il se retire en
Suisse, s'embarque, peu de temps après, pour les
Indes, sous le nom de Martinet. Et c'est pour lui,
durant plusieurs mois, une vie de folles aventures, de
luttes aussi, contre les Anglais. aux Canaries (1).

Après le 18 fructidor. Droüet rentre en France. En
homme avisé, il se hâte de profiter des circonstances
et se fait attribuer, par le Conseil des Cinq-Cents et le
Conseil des Anciens, quelque 30 000 livres « pour
pertes éprouvées pendant la Révolution » (2). La gloire
naissante de Bonaparte l'attire. Il fait sa cour au
Premier Consul et, né malin, d'ailleurs exempt de
scrupules, enlève sa nomination de sous-préfet à

(1) Le 20 juillet 1793, à la Convention, Droüet avait proposé de con-
damner à mort tous les Anglais qui se trouvaient en France, comme
autant d'espions.

(2) Droüet avait touché déjà *trente mille* livres en 1791, l'Assemblée
nationale ayant accordé des gratifications à ceux qui avaient le plus
utilement servi la chose publique, lors des événements du 21 juin et
jours suivants.

Sainte-Ménehould, sa ville natale (1). Les années coulent pour lui pacifiques et sereines, en violent contraste avec les agitations et les angoisses de jadis. Napoléon le crée chevalier de la Légion d'honneur. Droüet, désormais, est noyé dans la foule des fonctionnaires dévoués à César.

Le retour des Bourbons en France marque la fin de cette aimable tranquillité. Un instant encore Droüet reviendra à la politique militante et sera quelqu'un, comme député à cette Chambre de 1815 qui, ouverte le 3 juin, fut dissoute au bout de quelques semaines. Mais les beaux jours sont abolis pour lui.

Droüet, alors, a cinquante-trois ans. Sa vie, jusqu'à cet âge, est connue, sauf en certains détails, non exempts de pittoresque et d'imprévu, mais que nous ne nous proposons pas de conter ici. Elle l'est peu, ou elle l'est mal, de 1815 à la mort de l'ex-conventionnel, survenue à Mâcon en avril 1824.

Or, elle est aussi fertile en péripéties qu'elle avait été calme sous le Consulat et sous l'Empire. Elle est fort curieuse à dater de la chute de Napoléon Ier et du triomphe définitif des Bourbons.

Ce sera là l'unique objet de cette étude. Nous allons voir un homme audacieux et rusé, traqué comme un fauve par la police de la Restauration, recherché avec plus de soin que le pire des malfaiteurs ; nous allons

(1) Parmi les sous-préfets nommés au début du Consulat, il y avait dix anciens Constituants, huit anciens députés à la Législative, neuf anciens membres des Conseils et dix anciens Conventionnels. Voici, par ordre alphabétique, les noms de ces derniers, à la vérité fort obscurs : Bertrand, Blanqui, Chabanon, Droüet, André Dumont, Garnier (C. L. — A. E.), Poultier, Rabaut-Pommier, Ruelle, Serres.

J.-B. DROÜET EN SOUS-PRÉFET.
(D'après une miniature qui appartient à la famille.)

assister aux perquisitions opérées dans trois de nos
départements, la Marne, les Ardennes, la Meuse surtout, par la maréchaussée : nous allons suivre de
romanesques plans d'espionnage imaginés par des
préfets et des sous-préfets pour se saisir de Droüet;
nous allons dire comment des administrateurs dili-
gents, mais d'un zèle mal inspiré, se laissèrent berner
pour avoir ajouté foi à des fables ridicules. Les romans
policiers ne sont pas, croyons-nous, plus féconds en
aventures. Les archives sont là, pourtant, qui attes-
teront, à chaque ligne du récit, et son absolue véracité,
et notre bonne foi (1).

Quand le Sénat appela au trône Louis-Stanislas-
Xavier de Bourbon (6 avril 1814), Droüet exerçait à
Sainte-Ménehould, depuis plus de quatorze ans, les
fonctions de sous-préfet.

Tout de suite, le protégé de Napoléon Ier fut destitué. On lui donna pour successeur, quelques semaines
plus tard, Louis de Chamisso, originaire de l'arrondissement, ex-premier page de Louis XVI, ex-aide de camp
du maréchal de Broglie, proche parent de l'auteur de
Pierre Schlemihl, l'homme qui a perdu son ombre.

Mais à ce moment l'on ne songeait pas encore à

<hr>

(1) Nous avons consulté pour ce travail le dossier Droüet (Archives
nationales, F⁷4682 et F⁷ 6712); une remarquable étude de M. A. Lesort,
archiviste de la Meuse, qui a mis à profit les archives de ce département;
L'événement de Varennes, par Victor Fournel (Champion, 1890), ains
que les brochures si documentées de M. Eug. Welvert, archiviste
paléographe (*La saisie des papiers du conventionnel Courtois*), et de
M. Labourasse (*Le conventionnel E.-B. Courtois*).

inquiéter Droüet. Le gouvernement connaissait assez
d'autres soucis.

Lorsque Napoléon revint de l'île d'Elbe, Droüet
reprit-il son poste de sous-préfet dans sa ville natale?
Sa fiche personnelle tendrait à le faire croire. Mais
M. Welvert, le consciencieux archiviste, penche pour
la négative; il assure que Droüet, ayant sollicité de
l'empereur, ou plutôt de Fouché, la place de commissaire général de police à Toulon, où résidait un
de ses fils, et ayant vu sa demande rejetée (1), vint à
Paris et collabora à diverses publications politiques
inspirées par Napoléon.

Quoi qu'il en soit, peu de temps après, dès le
début de la seconde Restauration, le 24 juillet 1815,
une ordonnance royale était rendue, qui bannissait de
Paris ou traduisait devant un conseil de guerre les
fonctionnaires civils ou militaires impliqués dans les
événements des Cent-Jours.

Droüet, à vrai dire, ne figurait pas sur la liste des
cinquante-cinq proscrits (2), tant républicains qu'im-
périalistes, dressée par Fouché. Il y avait bien un
Jean-Baptiste Droüet, mais ce n'était pas le nôtre:
c'était Droüet, comte d'Erlon. Toutefois on le surveil-
lait. N'était-il point revenu siéger à la Chambre,
durant les Cent-Jours? Et n'était-il pas, au premier
chef, un « régicide », celui qui, dix-huit mois après
avoir arrêté le roi à Varennes, avait déclaré en pleine
Convention, lors du procès de Louis XVI : . « Louis

____

(1) Droüet avait adressé déjà la même requête quelques mois auparavant.

(2) Dont une femme, Mme Hamelin, amie de Savary, duc de Rovigo.

a conspiré contre l'État. Par une suite de ses trahisons, il a fait couler à grands flots le sang des citoyens. Il a ouvert les portes du royaume aux ennemis qui ont apporté la misère et la mort dans mon pays. Tant d'outrages faits à la nation qui le comblait de ses bienfaits ne peuvent se laver que dans le sang. Je le condamne à mort (1) »?

L'aube des jours troubles se levait sur Droüet.

Il eût été le dernier des sots s'il ne s'en fût rendu compte — et Droüet n'était pas un sot. C'en était fait, dans l'avenir, de sa quiétude.

Trois mois ne s'étaient pas écoulés depuis l'ordonnance du 24 juillet, que le régicide était dénoncé par un capitaine des gardes du corps de Louis XVIII, le duc d'Havré et de Croy. Nommé ministre de la police en remplacement de l'odieux Fouché, le comte Decazes s'empressait de donner à M. de Chamisso. réintégré dans ses fonctions de sous-préfet à Sainte-Ménehould, l'ordre de faire immédiatement arrêter Droüet « si connu par ses opinions comme par ses actes dans le cours de la Révolution, et de le faire transférer à Paris, sous bonne escorte de gendarmes ». Le même jour (24 octobre 1815), sur l'ordre du préfet de police Anglès, un des fils de Droüet, Victor-Auguste, élève à l'École spéciale de marine. soupçonné de bonapartisme militant, était arrêté à Paris, dans l'appartement qu'il occupait, 31, rue des Fossés-Saint-Marcel (2).

----

(1) Séance de la Convention nationale (16 janvier 1793).

(2) En même temps que Droüet fils. les policiers arrêtèrent deux autres locataires de la même maison, un fourrier du 26ᵉ régiment d'infanterie, nommé Normand, et un sieur Fortin, tambour licencié.

L'ordre du comte Decazes à M. de Chamisso arrivait un peu tard. Le subtil Droüet n'avait eu garde de rester à Sainte-Ménehoud. Où se cachait-il? En Belgique, à Arlon, puis à Bouillon, où il aurait fait le commerce des chevaux? En Suisse? En Allemagne? Plus loin encore, en Russie (1), comme certains le pensaient? Aux États-Unis? Ou, tout bonnement, à Paris? Il est possible que Droüet se soit ménagé une retraite dans la capitale (2). Paris n'a-t-il pas été, de tout temps, l'endroit le plus sûr où se dérober aux recherches policières? La présence du régicide y était d'ailleurs signalée par les mouchards, à la fin même d'octobre.

Dès cet instant va commencer la plus fantastique chasse à l'homme.

Le comte Decazes était maintenant persuadé que, de Paris où il avait momentanément trouvé un refuge,

(1) Dans une lettre datée de Sainte-Ménehould, 11 avril 1817, et adressée au ministre de la police, le sous-préfet de cette ville informe le comte Decazes que Droüet, « qui n'est ni à Sainte-Ménehould, ni dans les environs, pourrait bien avoir trouvé abri en Pologne, chez le baron de Galichet, ex-colonel au service de la France ». M. de Galichet était le gendre du maire de Passavant (Marne), M. Géant, qui avait épousé en secondes noces la sœur de Droüet. L'ex-colonel, marié à la sœur de l'ancien préfet de Varsovie, possédait en Pologne une grande fortune; il était propriétaire de quelque dix-sept villages (A. N.).

(2) Me Labbé, notaire à Esnes (Meuse), a bien voulu nous faire tout récemment à ce sujet une communication intéressante. Voici ce qu'il nous écrit : « M. Louis Aimé, dit Picard, médecin à Varennes, avec lequel j'étais très lié, m'a raconté qu'étant tout jeune, vers 1816 ou 1817, son père, avocat à Sainte-Ménehould et grand ami de Droüet, l'avait conduit avec lui à Paris. Pendant leur séjour dans la capitale, ils allèrent voir Droüet dans une maison où il était caché. Là, on tira de dessous un escalier une sorte de grand tiroir contenant de la literie sur laquelle Droüet, malade, était couché. Après que son père eut conversé quelques instants avec son ami, ils se retirèrent. »

Droüet avait regagné la province. Aussi le ministre avait-il écrit à la fois à M. Maussion, préfet de la Meuse, à celui de la Marne, à celui des Ardennes, ainsi qu'aux sous-préfets des arrondissements de Sainte-Ménehould et de Verdun, en leur prescrivant de prendre les mesures nécessaires pour procéder, le plus sûrement et avec le plus de prudence possible, à l'arrestation du fugitif.

Ces divers fonctionnaires se mirent aussitôt en campagne.

M. de Chamisso, le premier, écrivait le 29 octobre 1815 au ministre de la police que Droüet, en dépit de la rumeur publique, n'était point dans la région. A son avis, l'ex-conventionnel, ou n'avait jamais quitté Paris, ou s'y était à nouveau réfugié. Il en voulait pour preuve que des lettres avaient été adressées à Droüet dans la capitale, les jours précédents, par le fils aîné et par l'avoué du régicide.

Le lendemain 30 octobre, cependant, M. de Chamisso avait changé d'opinion et, dans une lettre au comte Decazes, l'informait que Droüet pouvait bien être à Bar-le-Duc, chez des parents de sa femme, les demoiselles Le Bel — et sous ce même nom de Le Bel.

Le ministre de la police se hâta d'aviser le préfet de la Meuse. M. Maussion fit procéder à des investigations chez les demoiselles Le Bel et chargea le commissaire de police de perquisitionner — sous prétexte de la visite des cheminées à laquelle il procédait à ce moment par toute la ville — chez le sieur Arnould Le Bel, « dont l'opinion est bonne », assure le préfet dans sa lettre du 17 novembre au ministre, « mais dont la femme est sœur de celle de Droüet ». La maison Le Bel fut ainsi explorée de la cave au grenier, mais sans résultat. Les investigations auxquelles on se livra chez divers autres membres de la famille Le Bel, à Vavincourt, chef-lieu de canton voisin de Bar, demeurèrent également vaines.

Les semaines s'écoulaient en recherches infructueuses, quand le sous-préfet de Sainte-Ménehould reçut d'un habitant de Triaucourt (très digne de foi, selon lui) une lettre l'informant que, tout récemment, Droüet avait passé trois nuits chez son ami Lemaire, dans cette commune, et devait en avoir passé une autre « à Maugarny, village des environs » — c'est en réalité une ferme — à la lisière de la forêt d'Argonne, entre Froidos et Rarécourt.

Mis au courant de ce fait, le préfet de la Meuse dépêcha, le 4 décembre, à Triaucourt deux sous-officiers de gendarmerie « actifs, pleins de zèle » et affublés d'un déguisement. Ces deux membres de la maréchaussée firent buisson creux (1).

M. Maussion était fort navré de ces échecs successifs. Quoi! le fugitif se cachait dans son département, aux portes même de Bar-le-Duc, assurait la rumeur publique, et il ne pouvait s'en saisir! En administra-

(1) M. de Chamisso, sous-préfet de Sainte-Ménehould, écrivait, de son côté, le 9 décembre, au ministre de la police : « J'avais envoyé un homme sûr à Triaucourt et dans les villages des environs pour reconnaître s'il était en effet certain que le sieur Droüet y fixe sa résidence ou s'il était possible de découvrir le lieu où il se tenait caché. Cet homme m'a confirmé les faits. Il paraît prouvé que le sieur Droüet a été trois jours à Triaucourt, un à Montgarni (sic), un à Beaulieu, et d'autres courses font suivre sa marche dans ce canton jusqu'environ le 29 du mois dernier. Depuis lors on l'a perdu de vue. » (A. N.)

GROTTE, TAILLÉE DANS LE ROC, A SAINTE-MÉNEHOULD,
OÙ DROÜET SE CACHA EN 1816.

teur qui tient à sa réputation autant qu'il redoute les
reproches du ministre de la police, le préfet imagina
l'explication suivante : « Droüet, écrit-il au comte
Decazes, paraît s'être fixé aux limites des arrondissements de Bar, Verdun et Sainte-Ménehould, pour
passer facilement de l'un à l'autre (1). » La topo-
graphie, au moins, à défaut d'une assistance plus
efficace, venait au secours de M. Maussion.

Vers le même temps, Droüet fut signalé sur un
autre point du département de la Meuse, dans l'arrondissement de Verdun, chez un de ses amis, ex-conventionnel comme lui, le fameux Edme-Bonaventure
Courtois (2) que la Convention avait jadis chargé
d'inventorier les papiers trouvés chez Robespierre
après la mort du fougueux terroriste sur l'échafaud.

Ce Courtois, qui était devenu par la suite membre
du Conseil des Cinq-Cents, avait comploté en faveur
de Bonaparte, avait ensuite fait partie du Tribunat
dont on l'éloigna pour cause de dilapidations, et, sa
carrière politique terminée. s'était retiré dans le
domaine de Montboissier, en Eure-et-Loir. Il avait
finalement acquis, en 1803, dans la Meuse, à Rambluzin, une propriété où il était venu se fixer avec sa
femme et ses cinq enfants. Il présidait depuis quatre
ans — depuis 1812, — comme maire, à l'administration du village de Rambluzin, lorsqu'on l'accusa de
détenir chez lui, avec certains papiers soustraits au
dossier de Robespierre. diverses « reliques » de Marie-

---

(1) A. Lesort, *Archives de la Meuse*.

(2) Voir, plus loin, l'étude sur *Les Reliques de Marie-Antoinette*. On y
trouvera des détails complets sur les perquisitions opérées à Rambluzin.

Antoinette, ci-devant reine de France et de Navarre.

Ce fut à la fois dans le but de retrouver ces papiers, ces souvenirs de Marie-Antoinette, et de mettre la main sur l'insaisissable Droüet, que l'on se décida à perquisitionner au domicile de Courtois.

La campagne policière, les recherches à Rambluzin commencèrent dès avant la promulgation de la loi dite *d'amnistie* (12 janvier 1816) visant les amis de Bonaparte et de la Révolution.

Le 9 janvier, en effet, vers six heures du matin, à la nuit noire encore, le chef d'escadron Robert, à la tête de vingt-cinq gendarmes, se présentait au château de Rambluzin. Il avait pris soin de faire cerner le village.

Le commandant Robert. le baron de Benoist, neveu et aide-de-camp du général d'Ivory, qui l'accompagnait, et plus tard le préfet de la Meuse prétendirent que, ce jour-là, on ne voulait pas attenter à la liberté de Courtois et que l'on se proposait uniquement de se saisir de Droüet qualifié, par M. Maussion et M. de Benoist, d' « auteur de tous nos maux ».

Ce qui est certain, c'est que l'on ne trouva pas, chez Courtois absent, trace de Droüet. Mais le commandant Robert affirme dans son rapport qu'au moment où ses hommes se présentèrent au château, la literie de la chambre de Courtois et celle de la chambre voisine étaient chaudes encore. Le chef d'escadron semble indiquer que l'ex-député de l'Aube donnait asile à Droüet. Les deux amis, avertis de l'arrivée de la maréchaussée, auraient eu tout juste le temps de fuir (1).

(1) Dans une lettre qu'il adressait, à la fin de janvier 1816, au préfet de la Meuse, Courtois s'exprime ainsi : « M. le curé de Souilly m'a

Peu de jours après, sur un nouvel ordre du comte Decazes, le préfet de la Meuse chargeait le commandant Robert de perquisitionner encore chez Courtois qui, cette fois, était au château, mais alité. On n'eut pas la naïveté de lui demander des nouvelles de Droüet; on se borna à lui faire reconnaître — et il le reconnut sans peine — qu'il avait en sa possession quelques objets précieux tirés du tribunal révolutionnaire, notamment : le testament de Marie-Antoinette, des lettres signées de la reine, un gant de peau ayant appartenu au dauphin, un « petit paquet » de cheveux de Marie-Antoinette. Courtois ajouta qu'il était prêt à en opérer la remise entre les mains du préfet.

Certes, le résultat de la perquisition était intéressant pour la couronne: mais que devenait Droüet?

Dans les premiers jours de mars, M. de Torcy, sous-préfet de Verdun, assez confus d'avoir signalé la présence à Rambluzin, dans son propre arrondissement, d'un introuvable Droüet, se tira d'embarras en assurant que le régicide, et Courtois lui-même (dont on avait à nouveau perdu la trace) (1), se

parlé d'une découverte qui avait encore fortifié le soupçon qu'il y avait quelqu'un de caché chez moi. On a trouvé deux lits encore chauds à l'arrivée des gendarmes et on en a conclu que c'était le mien et celui du particulier que je recueillais chez moi. Voici l'exacte vérité sur ce fait : je couchais dans l'un et ma garde-malade dans l'autre. Malade comme je l'étais, depuis près de trois mois, il m'était impossible de me passer d'une personne qui me veillât jour et nuit; cette femme était d'ailleurs commune à mon épouse qui n'en avait pas moins besoin que moi quand il fallait la lever pendant la nuit. »

La lettre de Courtois est du 28 janvier; Mme Courtois était morte trois jours auparavant.

(1) Courtois mourut sur la terre d'exil, à la fin de cette même année 1816.

cachaient à Lavoye — village assez proche de Rambluzin,
mais situé dans l'arrondissement de Bar — chez un
de leurs amis, M. Brichard, médecin et... marchand
de bois tout ensemble. Le sous-préfet de Sainte-
Ménehould avait transmis au préfet de la Meuse le
même renseignement.

Fort de ces deux avis concordants, M. Maussion fit
fouiller par les gendarmes, à la pointe du jour, le
village de Lavoye. On ne trouva rien. Mais Lavoye
était bien près de Beaulieu. Et l'on affirmait — on,
c'était toujours la rumeur publique — que Droüet
avait trouvé abri dans les vastes et sains souterrains
de la ci-devant abbaye du village de Beaulieu où
résidait du reste sa sœur, Mme J.-B. Vauthier. La
maréchaussée se rendit donc, à franc étrier, le 16 mars,
à Beaulieu. Comme à Rambluzin, comme à Lavoye,
comme partout ailleurs, les perquisitions restèrent
infructueuses. Pour masquer sa déconvenue, le commandant de gendarmerie Robert déclara que Droüet,
muni d'un passeport pris à Verdun, avait gagné la
frontière par Étain et Longwy.

Droüet, pourtant, devait se cacher dans la région.
Un de ses fils, ancien capitaine de gendarmerie au
Mans, n'était-il point — d'après un rapport de M. Bur-
net, procureur royal de Sainte-Ménehould — venu
passer, au mois de mars, plusieurs jours en cette ville,
alors qu'il avait demandé et obtenu un passeport pour
Noyon, où il ne parut jamais? Ce fait n'indiquait-il
pas clairement que Droüet père se dérobait aux recherches, non loin de Sainte-Ménehould, en une retraite
connue de Droüet fils?

Le régicide vivait, assuraient les uns, dans des carrières abandonnées, au nord-ouest de la ville : en une grotte taillée dans le roc, tout au fond du jardin de sa sœur, affirmaient les autres. Et les dénonciations pleuvaient de toutes parts (1). Et les gendarmes ne se lassaient pas de perquisitionner dans les endroits les plus invraisemblables. La forêt d'Argonne était battue jusqu'aux Ardennes. Le comte Decazes avait en effet, le 2 juin, écrit au sous-préfet de Sainte-Ménehould pour l'inviter à « multiplier les recherches » dans son arrondissement (2).

Le 7 août, à trois heures du matin, avant même le

(1) A signaler celle d'un sieur Normand, de Sainte-Ménehould, que sa femme avait quitté pour fuir avec Droüet. Normand, après s'être plaint d'une sorte de captation d'héritage dont ses enfants auraient été victimes de la part de l'ex-conventionnel, jure (2 février 1816) que Droüet est à Sainte-Ménehould, en toute sûreté. « Cela est si vrai, ajoute-t-il, que depuis quinze jours, plusieurs personnes l'ont rencontré tantôt sous un costume, tantôt sous un autre. Mais comme il est boiteux, il est impossible de ne pas le reconnaître. »

Normand papote, ragote, met en cause l'officier commandant la gendarmerie, Henry, qu'il accuse de favoriser les projets de Droüet, voire de faire prévenir ce dernier ou les agents de ce dernier quand on a l'intention de faire une fouille. Il accuse aussi deux avoués du tribunal, Picard et Dommanget, « êtres vils », de se réunir tous les jours avec Droüet et ses enfants. « Et Dieu sait, conclut-il, comme le Roi est arrangé et les beaux projets qu'ils enfantent ! »

Pour la raison que nous donnons plus haut, l'indignation factice de Normand est des plus suspectes.

(2) On perquisitionna, à ce moment, au domicile du maire d'un village voisin de Sainte-Ménehould, chez qui l'on avait vu la lumière d'une chandelle pendant la nuit, et que l'on soupçonnait de cacher Droüet (*Archives nationales*). Et M. de Chamisso écrit au préfet de la Marne, le baron de Jessaint, que le commandant de la gendarmerie de la Meuse parcourt, *sous un déguisement*, les communes limitrophes de la Meuse et de la Marne, pour recueillir des renseignements sur Droüet.

Cependant, à Paris, le préfet de police faisait étroitement surveiller Drouet fils, installé dans la capitale depuis quelques semaines.

petit jour, le commandant Robert — celui de Rambluzin —, avec les lieutenants de Condé et de Voucheron, de la gendarmerie de Bar et de Verdun, faisait simultanément cerner, par trente sous-officiers et gendarmes, les habitations de la veuve Grandidier, à Corupt (Courupt), entre Beaulieu et Futeau ; du sieur Bernard, au Bois-d'Epense, près des Islettes, à la limite des départements de la Marne et de la Meuse : des sieurs Gandar et de Cuisy, à Neuffour (Le Neufour) ; deux gentilshommes verriers de la contrée les aidèrent.

Vains efforts !

A la vérité, cette rumeur publique, à laquelle on ajoutait foi si inconsidérément, se gaussait des préfets, des sous-préfets. des commandants de gendarmerie, des procureurs royaux. Et les dénonciations, le plus souvent anonymes, qui parvenaient tantôt à l'un, tantôt à l'autre, avaient pour but soit de détourner l'attention des policiers, soit de rendre ridicules les fonctionnaires de la Restauration.

C'est ainsi qu'au commencement de septembre 1816, avertie par une femme Belval-Piesvaux (extrêmement recommandable, car elle avait été condamnée pour vol à deux ans de prison), la gendarmerie de Sainte-Ménehould se transporta pendant la nuit, à deux reprises, dans la forêt d'Argonne, vers une cabane où, prétendait cette femme, elle venait tous les jours. depuis quelque temps, porter de la nourriture au régicide. La cabane était vide. La femme Belval-Piesvaux d'avouer alors, sans la moindre vergogne, que sa déclaration était mensongère et qu'elle avait reçu un louis de vingt francs de Charinet, gendre, et de Droüet, surnommé *Fumier*, frère du proscrit, pour jouer un bon tour aux agents de la force publique (1) et faire courir « le grand cochon de Gondouin » (maréchal des logis de gendarmerie de Sainte-Ménehould).

Le préfet de la Meuse, cependant, gardait entières ses illusions et pas un instant ne désespérait de se saisir enfin de Droüet.

Un certain Garnier, brigadier de gendarmerie dans la Moselle, était venu, peu de temps auparavant, passer un congé dans un village de l'Argonne. D'après le sous-préfet de Verdun, qui en informa son supérieur hiérarchique, Garnier avait employé ses vacances à « jouer le rôle d'un homme appartenant au parti de Grenoble (parti bonapartiste) afin de mieux pénétrer chez les amis de Droüet et d'en obtenir des renseignements ». Ce Garnier était évidemment très précieux. Du moins le préfet de la Meuse en jugea ainsi, car il invita le sous-préfet de Verdun à conclure avec le brigadier une sorte de marché, dans le cas où il parviendrait à amener l'arrestation du régicide que l'on traquait en vain depuis si longtemps. La réponse de M. de Torcy ne se fit pas attendre. Il proposa de s'assurer, avant tout, de la discrétion et de la fidélité de Garnier ; puis, après l'en avoir prévenu, « de le destituer et de le mettre à même, par ce traitement, de pouvoir manifester tous les signes du mécontentement ». Les amis de Droüet ne manque-

(1) *Archives nationales.*

raient pas, dès lors, de prendre pour confident ce
révoqué, cette victime. Naturellement il importait de
fournir à Garnier, et ce dans le plus grand secret, des
moyens de subsistance pendant toute la durée de sa
feinte destitution. Le sous-préfet, de son côté, ferait
agir le maréchal des logis de gendarmerie Vasseur,
ami de Garnier, auprès de celui-ci, avec mission de
confier au brigadier que, s'il réussissait ou à connaître
la retraite de Droüet ou à s'emparer du régicide, on ne
négligerait rien pour récompenser ses services.

Ce beau plan, imaginé par les deux plus influents
administrateurs de la Meuse, semble n'avoir jamais
reçu le moindre commencement d'exécution. Peut-
être, après tant de piteux échecs, un peu de méfiance
était-elle venue à M. Maussion et à M. de Torcy. Peut-
être aussi Garnier n'apparut-il pas très sûr.

N'empêche que, sur divers autres points des départements de la Meuse, de la Marne et des Ardennes,
on ne restait pas inactif (1).

Justement le cheval de Droüet avait été signalé à
plusieurs reprises. et dans les écuries de l'auberge du
sieur Michel à Vienne-la-Ville, non loin de Sainte-
Ménehould, et dans celle de l'auberge du *Cheval-Blanc,*
tenue à Saint-Mihiel, près de Commercy, par un sieur
Laferté.

Le cheval de Droüet à Vienne-la-Ville et à Saint-
Mihiel! Vite l'ardente imagination préfectorale d'en-

____

(1) En septembre, notamment, on perquisitionna aux Islettes, village
tout proche de Sainte-Ménehould, chez un certain Poirier, qui avait
jadis caché Droüet chez lui pour soustraire le régicide aux recherches
des Russes et des Prussiens.

fourcher le dada : « Il me paraît, écrit M. Maussion à la date du 25 septembre, que le renseignement du cheval est bien fort. » Le préfet ajoute aussitôt : « et bien aisé à vérifier ». Son instinct de policier jusqu'alors assez naïf l'incite aux conseils : « Un gendarme déguisé — M. Maussion est pour les déguisements — peut entrer à Vienne-la-Ville dans l'écurie du sieur Michel, un dimanche ou tout autre jour de repos, y compter et reconnaître les chevaux, s'y présenter ensuite de temps en temps pour vérifier s'il n'y est pas entré de nouveau cheval ou s'il n'en est pas parti quelqu'un des anciens, chercher à reconnaître s'il y a quelque cheval dont le séjour dans le pays ne soit pas constant, guetter son départ et son retour, et constater par là la présence et les absences de Droüet. »

Pas le moindre doute pour le préfet : le cheval qu'abritent parfois les écuries du sieur Michel est bien le cheval du régicide. Or, cette histoire du cheval ne tarda point à être éclaircie. La bête appartenait non à Droüet, mais à son fils qui, voulant s'en défaire, avait chargé l'aubergiste de lui trouver acquéreur (1).

Décidément, ni M. Maussion, en dépit de son esprit inventif, ni les sous-préfets en qui il plaçait son aveugle confiance, ni les procureurs royaux, ni la maréchaussée à pied et à cheval n'étaient de taille à lutter contre un conspirateur de l'envergure de Droüet.

Il est certain que le régicide revint, à diverses heures, à Sainte-Ménehould, durant cette longue période de perquisitions, non par sentiment et par

____

(1) A. Losort (*Archives de la Meuse*). *Lettre du sous-préfet de Sainte-Ménehould au préfet de la Meuse, 2 octobre 1816.*

amour de la terre natale, mais pour surveiller ses intérêts. Il était assez rusé cependant pour échapper aux policiers qui, chaque fois, se mettaient trop tard en campagne.

En présence de l'inanité de démonstrations aussi tapageuses que puériles, on dut renoncer, on renonça — sur l'ordre même du comte Decazes — aux moyens jusqu'alors employés : perquisitions de pompeux appareil, investigations dans les écuries, déguisements de gendarmes. Le directeur général des postes fut seulement prié de surveiller la correspondance de certaines personnes, bonapartistes militants, soupçonnés d'entretenir avec Droüet des relations épistolaires.

Un moment, en octobre, on eut quelque espoir d'aboutir.

Un des fils du régicide venait d'être arrêté à Paris, alors qu'il s'apprêtait à gagner un port et à partir pour Rio-de-Janeiro. Interrogé sur le lieu de résidence de son père, Droüet fils répondit qu'il l'ignorait. Et il l'ignorait effectivement, brouillé qu'il était avec l'ex-conventionnel, « en raison des poursuites qu'il avait exercées contre lui pour obtenir la *rendition* de compte des biens de sa mère. »

Lasse enfin de rechercher un homme qui s'obstinait à ne pas se laisser trouver, la police, pour donner le change aux railleuses populations de Champagne et de Lorraine et ménager à son amour-propre une retraite honorable, fit répandre le bruit que Droüet était mort et avait été enterré dans une cave ou dans un jardin. L'abbé de la Grelette, du séminaire de Nancy, ne tenait-il point la nouvelle de sœur

Augustine, proche parente du proscrit et religieuse dans un couvent nancéen?

*
* *

Or Droüet, tué par la police en avril 1817, se portait assez bien.

Que faisait-il donc, durant que les commissaires royaux et les brigades de gendarmerie étaient mobilisés à ses trousses dans les Ardennes, dans la Marne et dans la Meuse?

Après avoir reçu l'hospitalité, quelques jours, aux Islettes, près Sainte-Ménehould, chez son ami Poirier dont nous parlons plus haut, Droüet, à juste titre inquiet de la tournure que prenaient les événements, partit pour Paris. Devenu garçon d'écurie au compte d'un entrepreneur de convois militaires, il se procura les papiers — acte de baptême, passeport et diplôme de Rose-Croix — d'un certain Nicolas-Séverin Maërgesse, Maergeaisse ou Mergeaisse (et non Meyer, comme on l'a parfois indiqué), Liégeois d'origine, mais né à Sainte-Ménehould le même jour que Droüet, le 8 janvier 1763.

A ce moment, on formait la légion des Hautes-Alpes. Muni de ces faux papiers, le régicide s'engagea; de cet ancien député, de cet ex-sous-préfet, le colonel fit un maître-tailleur et guêtrier.

Le 6 janvier 1817, la légion vint de Briançon à Mâcon. C'est dans cette dernière ville que Droüet, « par mesure d'économie », fut réformé (1). Il avait

(1) *Droüet à Mâcon*, par M. Léonce Lex, archiviste et bibliothécaire. Mâcon, 1887.

toutes sortes d'excellentes raisons pour ne pas regagner Paris ; il s'installa à Mâcon, en compagnie d'une Allemande, Catherine Mencke, épouse divorcée de l'officier de santé Normand, attaché au 18° régiment de ligne.

Tout d'abord, Droüet avait pris le titre d'artiste mécanicien. Il abandonna cette noble profession pour celle de distillateur, quand il entreprit, avec un sieur Dumoulin, propriétaire à Charnay-les-Mâcon, de fabriquer de l'eau-de-vie de sarments et de mélasse. Catherine tenait un petit commerce de pâtisserie. L'association Maërgesse-Dumoulin ne fut pas heureuse. Se souvenant qu'il avait été mécanicien, le pseudo-Maërgesse utilisa ses loisirs en élaborant le plan d'une « machine propre à simplifier le creusement des canaux ». Il soumit à divers membres de la Société des lettres, sciences et arts de Mâcon ce plan que le préfet de Saône-et-Loire, M. de Vaulchier du Deschaux, jugea digne d'être présenté au gouvernement (1).

Tombé malade dans le courant de février 1824, Droüet trépassa à Mâcon, le 11 avril suivant. La femme Normand (une femme qui avait su longtemps garder un secret) révéla l'identité véritable du défunt. Mais

(1) Il existe aux Archives quelques lettres intéressantes (M. Lex n'en parle pas dans sa brochure) adressées par le préfet de Saône-et-Loire au ministre de l'Intérieur, en mai 1824, c'est-à-dire quelques semaines après la mort de Droüet. Ces lettres ont trait aux relations de Goyon, dit *la Nation*, ancien maire de Mâcon, avec le pseudo-Maërgesse.

Une autre missive préfectorale instruit le ministre que, durant le séjour de Droüet à Mâcon, un de ses protecteurs lui faisait, de Paris, passer des fonds par billets de 1 000 à 2 000 francs. Le préfet semble croire que ce protecteur influent était l'ex-archichancelier de l'Empire.

elle n'était jamais parvenue à se débarrasser d'un fort accent germanique. Et c'est au nom de *Troué* que, sur les indications de la femme Normand, fut dressé l'acte mortuaire de Jean-Baptiste Droüet, — de Cadet Droüet, comme on l'appelait vulgairement à Sainte-Ménehould (1).

(1) Le journal *le Temps* a publié, le 2 août 1902, sous la signature de M. G. Lenôtre, un article sur *La Vieillesse de Droüet*, puisé en partie aux Archives nationales. Toutefois nous tenons, et à faire observer que nous avons mis à profit d'autres documents que ceux utilisés par M. Lenôtre (Archives de la Meuse, tradition orale, renseignements particuliers) et à établir la priorité de notre étude, déposée dès le mois de juin 1902 à la revue *Minerva* qui la publia peu après.

IX

UNE VILLE MORT-NÉE

VILLEFRANCHE

Il y a Bruges-la-Morte en Belgique; il y a Brouage-la-Morte, près Marennes, au bord de l'Océan Atlantique : il y a dans les Ardennes, à la limite de la France, à deux pas de la Belgique, Rocroi-la-Morte, lilliputienne cité, à laquelle « de bienveillants recensement attribuent encore 800 personnes » (1). Et plus menue, bien plus menue que Brouage ou Rocroi, toute menue, si menue que la géographie en fait à peine mention, en accolant son nom à un autre, humblement, il y a Villefranche-la-Morte.

Sur la Meuse, entre Verdun et Stenay, passé Dun

(1) ARDOUIN-DUMAZET, *Voyage en France*, 20ᵉ série. — Les 1 300 autres habitants de la commune de Rocroi sont répartis dans les hameaux éloignés, dans les *censes* écartées à la lisière des bois ou dans les bruyères marécageuses appelées rièzes.

au nom celtique et Doulcon-le-Modeste, jadis capitale du comté de Dormois ; au delà du village de Saulmory auquel il se rattache depuis 1819, entre le fleuve et le coteau, voici le hameau de Villefranche, Villefranche-la-Morte.

Avec le village meusien de Saulmory, c'est une agglomération de 250 âmes environ, de 80 à 90 électeurs.

Brouage, au moins, fut une ville qui compta jusqu'à 3 500 ou 4 000 habitants. Et Rocroi a rang de cité avec sa garnison, son sous-préfet, son tribunal, ses notaires, ses avoués, ses fonctionnaires qui lui prêtent un semblant de vie. Mais Villefranche fut toujours un hameau ! Elle n'a même point l'antiquité de Saulmory. sise comme elle sur la rive gauche de la Meuse, en face de l'immense prairie : de Saulmory où, en 720, avec toute son armée, passa Charles-Martel.

Quatre siècles. — pas même — nous séparent du temps où François Ier voulut créer, pour maîtriser l'important passage de Dun et pourvoir à la sûreté de la Champagne. une glorieuse forteresse. Bientôt sortirent de terre. sous les yeux mêmes du roi, qui était venu en personne choisir le terrain, les fondements d'une ville ceinte de murailles, flanquée de quatre tours, entourée de fossés remplis d'eau vive. A ceux qui devaient venir l'habiter, le souverain accorda l'exemption de toutes tailles et corvées. De là le nom de Villefranche.

Mais le Destin. plus fort que tous les rois, fit que Villefranche demeura à l'état d'ébauche de forteresse.

VILLEFRANCHE EN 1620.

Dessin de J. MAUREL.

Tirons-la de la nuit d'oubli, un instant, et contons en deux mots l'histoire d'un hameau comme il en est peu en France, à supposer même qu'il ne soit pas unique.

Avant la Révolution, Villefranche était, non en Lorraine comme aujourd'hui, mais en Champagne, à l'extrémité de cette province. Elle était rattachée au diocèse de Reims, de même que Saulmory.

Ainsi que nous le disons plus haut, Villefranche fut bâtie en février 1545 par François Ier pour couvrir les frontières de son royaume et tenir tête à Stenay, forteresse *lorraine* toute voisine, située sur la rive droite de la Meuse.

La place fut vite construite. Elle formait un quadrilatère régulier assis dans l'angle interne d'un ruisseau appelé, « la petite Moha », et très visible encore aujourd'hui (1), avec quatre tours bastionnées aux angles et deux portes munies de ponts-levis. De larges fossés la ceignaient.

Villefranche naissait à peine qu'elle eut à faire ses preuves. Elle dut résister en 1552 à l'armée de Charles-Quint; elle le fit vaillamment. Trente-trois ans plus tard, au milieu des troubles du royaume de France, le duc de Bouillon tentait de la surprendre. Villefranche tint ferme.

Nous arrivons au moment de la Ligue. En 1589, la petite forteresse comptait tout juste *trente-six* hommes de guerre, sous les ordres du capitaine Robert de Frémelet, regardé comme « douteux » par Joachim d'Inteville, lieutenant-général pour le roi en Cham-

---

(1) *Journal de Montmédy* (octobre 1897) et communication de l'abbé Nicolas, curé de Laneuville-sur-Meuse.

pagne. Frémelet, qui hésitait ainsi, — au dire de d'Inteville — entre le Roi et Ligue, et que La Fontaine n'eût pas hésité à qualifier de « sage », dut céder la place, comme gouverneur, à Nicolas Basan de Flamainville.

Le duc de Lorraine, Charles III, s'étant déclaré pour la Ligue, mit en octobre 1590 le siège devant Villefranche, avec une armée de 7000 à 8000 hommes qui comptait pas mal d'Espagnols et d'Italiens, gens de pied et cavaliers. L'artillerie de Charles III se composait de huit canons, deux couleuvrines et cinq autres pièces; de cinq charretées de boulets de canon, dont deux portaient cinquante livres de balles ; enfin d'une charretée de poudre.

Le gouverneur de Villefranche fut sommé de se rendre. Mais Flamainville répondit fièrement qu'il saurait se défendre. Il était énergiquement secondé par son lieutenant, M. d'Andevanne ; il l'était beaucoup moins par les habitants de Villefranche qui, les puits commençant à tarir et leur bétail à s'épuiser, parlèrent de capituler. D'abord plein de courage et d'ardeur, Flamainville devint indécis. Il finit par se rendre, le 9 octobre 1590, à Jean de Lenoncourt, chef de l'armée lorraine.

Charles III, qui était à Stenay, s'empressa, le 10, de ratifier l'acte qui lui livrait la forteresse. Flamainville gagna Stenay où il fut tout de suite jeté en prison. En décembre, le Parlement assemblé à Châlons-sur-Marne le condamna à être pendu dans cette ville.

Quant à Villefranche, elle resta six ans au pouvoir des Lorrains. En 1596 enfin, la paix devint définitive

VILLEFRANCHE EN 1904.

entre Charles III, jadis aspirant au trône de France,
et le roi Henri IV. Après tant d'années calamiteuses,
les Champenois purent respirer !

Frémelet, lui, destitué de son gouvernement de
Villefranche au profit de Flamainville, avait en loyal
soldat continué à servir le roi comme maréchal de
camp sous le duc de Nevers. A la paix, il rentra triom-
phant à Villefranche où on l'avait toujours fort aimé.
En 1597, aux environs de la place, il tuait 180 Lorrains.

La même année, Henri IV confirmait les privilèges
des habitants de Villefranche, tels qu'ils avaient été
concédés par François Ier. Mais le rôle de la forteresse
était pour ainsi dire terminé. En 1654, lors du siège
de Stenay. boulevard des Frondeurs, par l'illustre
marquis de Fabert (1), Villefranche, bien que possédant une « Maison du Roy », ne fut pas jugée digne
d'abriter Louis XIV. Le jeune souverain dut aller
chercher ailleurs un gîte pour lui et sa cour (2). C'en
était fait de la petite forteresse dont les remparts

(1) Stenay dut se rendre le 5 août, après un siège de 47 jours. dont
33 de tranchée ouverte. Dès qu'on apprit à Paris la reddition de la ville,
il y eut fêtes et feux de joie durant deux jours. Une médaille fut frap-
pée en mémoire de cet heureux événement. Elle représente, d'un côté,
Stenay sous la figure d'une femme qui embrasse les genoux de la France,
et, de l'autre, Louis XIV enfant (ANDRÉ GILBERT, *Le siège de Stenay
en 1654*).

(2) Le 25 juin, du camp devant Stenay, Fabert mandait à Mazarin :
« Il n'y a nul logement propre pour le Roy à Luzy, La Neufville, Wi-
seppe, Villefranche, ny aucun lieu en dellà de la rivière près d'icy. »

A la fin de juillet, pour se distraire des soucis du siège de Stenay,
« place assez petite, mais étrangement bien construite » — comme
disait le gazetier Loret, — le roi allait chasser aux environs de Villefranche où on lui avait signalé cinq ou six compagnies de perdrix.

étaient d'ailleurs voués à la démolition dès les premières années du xviie siècle (1).

*
* *

De ces temps héroïques, — si le mot n'est pas trop fort — il ne reste guère à Villefranche démantelée que le souvenir. Le gazon et les arbres ont envahi les remparts où sonnèrent les lourdes bottes et les éperons. Mais le hameau a gardé son air pittoresque et un peu de la physionomie des âges défunts. Au centre même de Villefranche, à la vaste place d'armes aboutissent toujours huit courtes rues qui coupent le plan en croix et en X.

Seulement, aux guerriers casqués de jadis a succédé une population pacifique qui se livre au prosaïque commerce des porcs. (2)

(1) Il en fut de même pour quelques autres places fortes de Champagne, dont l'entretien coûtait beaucoup d'argent, et devenues inutiles depuis que la province des Trois-Évêchés et le Clermontois faisaient partie de la France. Ainsi furent rasées les fortifications du château de Sainte-Ménehould et une partie de celles de la ville.

(2) Les deux photographies de Villefranche en 1904 nous ont été obligeamment communiquées par M. l'abbé Velches, curé de Saulmory, qui en est l'auteur.

VILLEFRANCHE-SUR-MEUSE EN 1904. — LA MAISON DU GOUVERNEUR.

X

LES GENTILSHOMMES VERRIERS
DE L'ARGONNE

Comment la centralisation à outrance a tué certaines industries, certains petits métiers jadis épars sur tous les points du territoire ; par suite de quels phénomènes économiques et sociaux une part de bien-être a passé des ouvriers de nos campagnes à ceux des villes, cela a été mille fois écrit.

Je n'insisterai pas. Et je n'aurai pour but, en cette modeste étude, que d'évoquer un coin de notre pays meusien, l'Argonne, où florissait, aux âges révolus, l'industrie spéciale du verre, aujourd'hui anémiée en ces parages, presque abolie.

Dans la société moderne est verrier qui veut. Il suffit de capitaux pour élever une usine. Il n'est même pas indispensable de posséder une fortune personnelle. La verrerie de Rive-de-Gier ne fut-elle pas, il y a quelques années, édifiée par les soins d'un syndicat d'ou-

vriers à qui elle appartenait en propre ? Elle ne pros-
péra pas, il est vrai, et fut mise, au bout de peu de
temps, en liquidation. Mais cet insuccès ne découragea
pas l'effort, et si celle de Rive-de-Gier a disparu, la
verrerie ouvrière d'Albi a fait, depuis lors, quelque
peu parler d'elle.

Quelle différence avec hier ! Avant que la Révolution
eût jeté bas les privilèges et opéré la fusion des classes,
l'industrie du verre était, dans l'Argonne notamment,
l'apanage de certains gentilshommes. On verra plus
loin de quelle façon étaient traités les roturiers, les
manants qui émettaient la prétention de souffler la
cloche ou la bouteille. Industrie quelque peu grossière
sans doute, mais que ces gentilshommes n'étaient pas
moins fiers d'exercer.

D'abord, les titres de noblesse avaient été conférés
exclusivement à ceux qui « ouvraient pour les églises »
et fabriquaient les verrières. Ils s'étaient étendus, par
la suite, avec les innombrables droits et franchises en
dépendant, à tous ceux qui travaillaient le verre. Nos
rois avaient en effet compris combien il importait d'en-
courager la production nationale, en face de la concurrence que faisaient les verreries d'Allemagne et
d'Italie à celles de France. Donc, ils décidèrent que les
nobles, en abandonnant la fabrication des vitraux pour
celle plus commune du verre à vitres et à bouteilles, ne
perdraient point leurs titres. Claude Buirette, dans
son *Histoire de la ville de Sainte-Ménehould*, nous le
rapporte : « Vers l'an 1300, Philippe le Bel déclara
que les gentilshommes de Champagne travaillant aux
verreries ne dérogeaient point à la noblesse. » Le roi,

on le sait, était souverain de cette province que lui avait apportée en mariage Jeanne de Navarre.

* *
*

A cette époque, il n'y avait pas encore, croit-on, de fours à verre dans l'Argonne. C'est seulement de la fin du xv° siècle que semble dater l'établissement de verreries à bouteilles dans la vallée de la Biesme, petite rivière qui sépare aujourd'hui, sur une longueur de quelques lieues, les départements de la Marne et de la Meuse (1).

Il est certain qu'il existait, en 1518, trois ou quatre verreries au bout de la vallée. Les plus prospères étaient celles de Châtrices et du Bois-Japin, à l'extrémité de la forêt d'Argonne, près de Triaucourt. En 1555, d'autres gentilshommes — sans doute des protestants cévenols — construisirent à Courupt, non loin de la célèbre abbaye de Beaulieu, en plein bois, sur la rive rive droite de la Biesme, une verrerie nouvelle. Guillaume Delamarre Darenberg, soixante-septième abbé

(1) M. Mauget, de Sainte-Ménehould, a pourtant fait récemment une découverte qui a ému l'Académie des Inscriptions et Belles-Lettres.

En 1901, sur le chemin des Haies, écart de Sainte-Ménehould, M. Mauget trouvait un cube de verre bleu. Il n'y prêta d'abord qu'une attention distraite. D'autres cubes bien taillés, de diverses couleurs, et toujours isolés, l'incitèrent à penser que ces vestiges étaient originaires du lieu où il les rencontrait, et n'étaient que des matériaux imparfaits et inutilisés d'une verrerie. Il retrouvait bientôt des pâtes de verre strié, des bracelets de verre que l'ouvrier rejeta, les ayant manqués ou brisés. Le 9 août 1902, M. Mauget mettait la main sur une pièce bizarre : un cachet coulé en vue de faire un chaton de bague, représentant en creux une cigogne. Des outils de fer, servant à filer le verre, complétaient le matériel de cette verrerie d'art qui remonte aux premiers siècles de notre histoire, au temps où Sainte-Ménehould faisait partie de la Gaule belgique.

de Beaulieu, dont Courupt dépendait, facilita cet établissement en donnant à long bail aux verriers — cela
augmentait d'autant le débit des bois de l'abbaye —
un vaste terrain tout couvert de broussailles et qu'ils
défrichèrent peu à peu. Ils y trouvaient en abondance
le sable, la fougère et le bois nécessaires à leur industrie.

Leurs familles s'étant multipliées, les gentilshommes
conçurent le dessein de bâtir, avec la permission des
seigneurs du Clermontois, d'autres verreries encore
pour y établir leurs enfants. De là tous ces fours à
plusieurs ouvreaux qui bientôt peuplèrent la contrée et
qui, très rapprochés l'un de l'autre, s'étendaient sur
toute la rive droite de la Biesme, de Triaucourt au
Claon et à la Chalade. Le territoire du village actuel
de Futeau en comptait, à lui seul, cinq, tant à Bellefontaine, à Courupt, à Troisfontaines (la Contrôlerie),
qu'à Futeau même.

D'année en année, les verreries prenaient de l'extension, et c'est à peine si elles suffisaient à fournir assez
de bouteilles aux vignobles de la Bourgogne, du pays
de Toul, de la Champagne et des côtes de Meuse.

On n'y fabriquait pas, d'ailleurs, que des bouteilles,
à en croire l'écrivain lorrain Volcyr, historiographe et
secrétaire du duc Antoine de Lorraine. Dans son
traité, imprimé vers 1530, des *Syngularitez du parc
d'honneur*, Volcyr écrit en effet que, en Lorraine,
« les voirrières sont par tous les quantons à grosse
abondance et diverses espèces de besongnes, comme
premièrement appert ès boys d'Argonne, au balliage
de Clèremont, près des limites de Champagne en

Gaulle, là où l'on faict plusieurs sortes de voirres fins, en la semblance de christallins, et d'autres voirres communs, autant que l'on sçauroit soubhaicter. » Et Volcyr ajoute qu'un maître verrier fit hommage au duc Antoine « d'un crucifix mis sur une grande croix de voirre, en grosseur de la cuisse d'un homme, accoustré si richement de couleur que l'on estoit aveuglé de la beauté et lueur. » Ces verres fins, pareils à du cristal, ce crucifix de verre colorié diversement attestent une industrie déjà ancienne, mais qui dut disparaître bientôt pour faire place à la seule fabrication, moins artistique, mais plus productive, du verre à bouteilles.

C'est un peu plus tard que les verriers de l'Argonne obtinrent pour eux, de Henri III, le privilège, accordé jadis par Philippe le Bel aux gentilshommes champenois, de ne point déroger à leur noblesse en soufflant le verre. Toutefois, dit M. de Beaupré, les communes sur le territoire desquelles les usines se trouvaient établies se refusaient à regarder les verriers comme exempts de tailles et les portaient au rôle. « Le métier même de ces ouvriers qui travaillaient presque nus, revêtus seulement d'une sorte de longue chemise de femme, exposés ainsi aux regards du public, et fabriquant leurs bouteilles pour ainsi dire au milieu des flammes, paraissait aux paysans un état singulièrement plus roturier que le leur. » Ils payaient des contributions, eux ; pourquoi les verriers en seraient-ils exempts ?

C'est pour faire cesser ces perpétuelles contestations (1) et pour être maintenus dans tous les privi-

____

(1) Les gentilshommes verriers étaient très belliqueux ; pour le motif

lèges attachés aux familles nobles que les gentilshommes de l'Argonne s'adressèrent, au début du
xviiᵉ siècle, au successeur de Henri III. L'occasion
était favorable. En 1603, des troubles s'étaient élevés
à Metz entre les habitants de la ville et le commandant
Raimond de Comminges, sieur de Soubole, « homme
dur et féroce », affirme la chronique du temps, et qui
faisait subir aux Messins mille vexations. Henri IV
voulut mettre lui-même bon ordre à ces querelles.
Accompagné de Marie de Médicis, le roi quitta Paris
en mars 1603. Près du pont de Biesme, à sept kilomètres de Sainte-Ménehould où le roi avait fait un
court séjour, plusieurs gentilshommes verriers atten-
daient, sur la route, le passage de Henri IV pour lui
remettre des placets. Le postillon surpris arrêta sa
voiture. Le roi pencha la tête à la portière et demanda
quels étaient ces gens et ce qu'ils désiraient. — « Sire,

le plus futile, ils abandonnaient leurs fours et tiraient l'épée. En voici
plusieurs exemples :

Le samedi 27 février 1570, Brion des Fours (des verreries du Clermontois), écuyer, demeurant à Courupt, travaillait de son « art de
verrier » avec Jean Bigault quand, celui-ci s'étant permis des propos
« honteux à citer », il lui donna un démenti. Bigault sortit aussitôt pour
chercher une épée et provoqua des Fours, qui refusa de se battre. Mais
le lundi suivant, celui-ci, ayant rencontré Bigault en forêt, lui demanda
s'il maintenait son défi. Pour toute réponse, Bigault jeta son pistolet,
enroula son manteau autour du bras gauche, et tirant son épée, se mit
en garde. Il fut tué par des Fours.

Quelques années plus tard, le 22 août 1587, Nicolas de Condé, gentilhomme verrier aux Senades, était en procès avec la veuve de Claude
des Fours. Un parent de cette dernière, Gauchier des Fours, gentilhomme
verrier à Courupt, l'insulta. Le beau-frère de Nicolas de Condé, Jean du
Hould, prit fait et cause pour M. de Condé. Provoqué par Gauchier des
Fours, du Hould tira son épée et tua son adversaire (*Raymond des
Souhesmes*, Étude sur la criminalité en Lorraine, *Annales de l'Est*,
juillet 1902, p. 327-330).

répondit le postillon, ce sont des souffleurs de bouteilles. » Une tradition populaire, qui s'est conservée
dans le pays, veut que Henri IV ait répliqué à son
postillon : « Eh bien ! dis-leur de souffler au derrière
de tes chevaux : ils avanceront peut-être plus vite. »
Après quoi il prit les placets. La légende veut même
que la plaisanterie ait été plus gauloise encore.

Le roi, après s'être fait rendre compte des sujets de
mécontentement des Messins et avoir remplacé le sieur
de Soubole dans son commandement, regagna Paris
par Nancy et Vitry.

Dès son arrivée, il soumit à son conseil les réclama-
tions des gentilshommes de la Biesme qui l'avaient si
fort amusé. Il faut croire qu'il les trouva justifiées, car
il y fit droit. En juillet 1603, il accorda aux verriers
des lettres-patentes qui les maintenaient, lorsqu'ils
étaient d'extraction noble, dans le droit de faire sans
déroger le commerce de la verrerie. Ces lettres patentes
étaient, dit Buirette, au nom de Moïse de Condé,
Joannès de Guiot, Jérémie de Bigault, Jean de Bigault,
Joël de Guiot, Nicolas de Bigault, Jean de Condé,
Pierre de Condé, David des Androuins, Abraham de
Condé, Benjamin de Condé, Hélie de Guiot, Nicolas
de Condé, pour eux et pour leurs hoirs. On voit que
les gentilhommes verriers ne manquaient pas.

Ils ont, depuis lors, continué à jouir des droits de la
noblesse, sans aucune dérogeance à raison de leur
industrie et de leur commerce. Ces privilèges ne leur
furent plus contestés. Cependant, prudence étant mère
de sûreté, ils prirent soin de les faire confirmer par
Louis XIII, Louis XIV et Louis XV.

Donc on ne les porta plus au rôle, mais on leur fit payer leur victoire. La noblesse de race, qui ne les avait jamais beaucoup aimés, les dédaigna plus encore que par le passé. Un poète satirique du xviie siècle, Maynard, les bafoua dans une épigramme assez curieuse où il vise son confrère en poésie, Saint-Amand, dont les ancêtres avaient, dit-on, été verriers. Cette épigramme se termine ainsi :

> Votre noblesse est mince,
> Car ce n'est pas d'un prince,
> Daphnis, que vous sortez.
> Gentilhomme de verre,
> Si vous tombez à terre,
> Adieu vos qualités !...

De leur côté, les gens des campagnes non seulement se moquaient d'eux (1), mais marquaient aux verriers tout leur mépris en les appelant « hàzis » (brûlés), parce que leur travail les tient exposés à l'insupportable ardeur du feu des fours. A quoi les gentilshommes ripostaient en traitant grossièrement ces manants de « sacrés mâtins. »

Leur manque d'éducation ne les empêchait pas d'être très fiers, même lorsque, au commencement du xviiie siècle, leur commerce se ralentit et que leur prospérité déclina. Quelques-uns étaient pauvres, mal vêtus, et l'on en cite qui furent réduits à l'état de

---

(1) Il y a dans la forêt de Beaulieu un hameau, Bellefontaine, qui n'est habité que par des familles de verriers ; les mauvais plaisants prétendent qu'il n'existait dans tout le village qu'une seule épée ; les gentilshommes l'empruntaient tour à tour, aux jours de grande parade et de cérémonie ; c'est pourquoi on l'avait baptisée : « la Fatiguée » (ANDRÉ THEURIET, *La Chanson du jardinier*).

domesticité. Ils ne se targuaient pas moins de leurs
quartiers de noblesse et ne voulaient contracter d'al-
liances qu'avec les personnes de leur caste; ils ne
devaient pas. disaient-ils, se mésallier.

Les plus riches, à ce moment, avaient conservé,
dans leurs usines, de rares ouvriers ; ils exigeaient
d'eux qu'on leur donnât le titre de « chevaliers. » Dans
les actes publics. ils ne manquaient point de prendre
cette qualité qui précédait celle de maître de verrerie.
Un jour que deux familles célébraient un mariage, elles
daignèrent inviter aux noces un honnête marchand de
Sainte-Ménehould avec lequel l'une et l'autre étaient en
relations d'affaires et qui, d'ailleurs, leur avait prêté
de l'argent. Les gentilshommes qui signèrent le contrat ajoutèrent à leurs noms la qualité de chevaliers.
L'étranger seul ne pouvait en prendre d'autre que celle
de marchand; on la jugea déplacée dans l'acte. Marchand ! Est-ce que cela s'écrivait? Il s'avisa d'adjoindre à
son nom de bourgeois celui de « chevalier de l'Arque-
buse. » Il existait en effet à Sainte-Ménehould, ville
de frontière, une compagnie d'arquebusiers à qui
Louis XIII avait, s'il vous plaît, accordé des lettres
patentes, et dont, par aventure, le marchand faisait
partie. Tous les signataires du contrat se trouvèrent
ainsi être chevaliers, et l'amour-propre des deux familles de gentilshommes n'en demandait pas davantage ; il était satisfait.

Cela se passait dans les premières années du
XVIIIe siècle, quand déjà, ainsi que nous l'avons dit
plus haut, la clientèle des gentilshommes verriers
diminuait.

Vers cette époque, un riche propriétaire domicilié à Sainte-Ménehould. Jean Vauthier, eut l'idée de faire construire un four à verre dans un faubourg de la ville, sur un terrain que l'intendant de la province, d'après l'avis de son subdélégué, lui avait désigné. Cette usine, qui comptait quatre ouvreaux et occupait un grand nombre d'ouvriers, était en pleine activité quand un certain Arnould, marchand lui aussi à Sainte-Ménehould, réclama le terrain de la verrerie comme lui appartenant et interjeta appel de l'ordonnance de l'intendant.

« L'instance, dit Buirette, étant liée au Conseil d'État de Sa Majesté, tous les gentilshommes verriers de la vallée de Biesme, et M. le prince de Condé, en sa qualité de seigneur du comté de Clermont, intervinrent dans le débat. »

Ils y prirent une part active.

« Arnould prouva que l'emplacement sur lequel les quatre ouvreaux et les bâtiments se trouvaient construits était sa propriété, dont on s'emparait sans aucune vente de sa part (1). Les gentilshommes verriers, eux, démontrèrent que cette verrerie portait un préjudice considérable à celles qui leur appartenaient et que leurs ancêtres, depuis plus de deux siècles, avaient établies à grands frais dans le voisinage de Sainte-Ménehould avec plusieurs privilèges accordés par les souverains. Ils représentèrent en outre qu'en permettant cette manufacture dans un canton où il n'y avait pas, comme au Clermontois, de droits d'entrée à

_____

(1) Il faut dire ici que la ville venait d'être presque entièrement détruite par un incendie, et qu'on avait concédé aux habitants des lots de terrain pour rebâtir.

payer, c'était anéantir leur commerce et les ruiner.

« M. le prince de Condé soutint et fit voir que l'établissement de ce four était préjudiciable non seulement à ses intérêts particuliers, mais à ceux du roi et du public ; que l'intendant n'aurait pas dû rendre une ordonnance sur le simple avis de son subdélégué, qui était beau-frère et associé de Vauthier, et que celui-ci, d'ailleurs. n'avait pu élever une manufacture de ce genre, ni l'intendant en autoriser la construction, sans une permission préalable et expresse, ou des lettres patentes de Sa Majesté. » .

On pourrait penser que le maire et les échevins de Sainte-Ménehould, dont le devoir était peut-être de favoriser une nouvelle industrie dans la ville, donnèrent gain de cause à Vauthier. Nullement. Ils remirent au prince de Condé un écrit attestant que « l'établissement de la verrerie de Sainte-Ménehould était contraire au bien public. »

Avec des adversaires tels que les gentilshommes verriers, si nombreux et si puissants encore, il était difficile au malheureux Vauthier d'obtenir la continuation de son entreprise. En vain offrit-il d'indemniser le propriétaire du terrain, d'indemniser même le prince de Condé en lui payant le tiers, par arpent de bois, au-delà de ce que lui payaient les verriers du Clermontois: en vain proposa-t-il d'acheter comptant « toutes les marchandises bonnes et loyales que ceux-ci fabriquaient »; en vain apporta-t-il des attestations de plusieurs négociants et de quelques seigneurs propriétaires de vignes, certifiant que ses bouteilles étaient d'une meilleure qualité. mieux façonnées que celles des gentilshommes verriers, et par conséquent plus profitables pour le commerce, — rien n'y fit. Vauthier, par arrêt du 15 mai 1724, fut condamné à démolir sa verrerie. Il dut, de plus, payer deux cents livres de dommages-intérêts à Arnould, qui fut maintenu dans la propriété du terrain sur lequel les fourneaux et les bâtiments étaient construits. Le même arrêt fit défense à Vauthier de construire aucune verrerie sans la permission du roi et sans avoir obtenu de lettres patentes à cet effet.

Ajoutons que ce projet d'établir une verrerie à Sainte-Ménehould fut réalisé par la suite, mais un siècle après seulement. Très prospère durant quelques années, cette usine est aujourd'hui démolie.

On voit, d'après le récit qui précède, de quelle influence jouissaient les gentilshommes verriers de l'Argonne. A diverses reprises encore, au cours du xviii⁰ siècle, ils s'opposèrent à l'établissement de verreries qui pouvaient faire concurrence aux leurs, et ils y réussirent. Leur but avoué était d'empêcher les bourgeois de manier la fêle (canne). Il leur semblait que les lettres patentes qui leur avaient été accordées conféraient à eux seuls le droit de souffler la bouteille.

Jusqu'à la Révolution, ils vécurent tranquilles, et nous ne découvrons leurs noms mêlés à aucun événement important des règnes de Louis XV et de Louis XVI. Ils ne s'occupaient que de leurs fours, s'inquiétant peu de politique. Ainsi, lorsque le bailliage principal de Vitry-le-François, duquel dépendait une partie de l'Argonne, et le bailliage secondaire de Sainte-Ménehould élurent leurs représentants à l'Assemblée nationale, aucun gentilhomme verrier ne fut nommé dans l'ordre

LES ISLETTES ET LA VALLÉE DE LA BIESME.

de la noblesse. Aucun d'eux peut-être — je n'ai trouvé
de renseignements à ce sujet, ni dans les archives
de Sainte-Ménehould, ni dans celles des Islettes — ne
s'était mis sur les rangs : mais on leur eût sûrement
préféré des candidats de noblesse plus authentique. De
même, nul gentilhomme verrier ne faisait partie des
assemblées provinciales et d'élection, instituées par
Louis XVI dès 1787.

Nous ne les retrouverons, mêlés directement ou
indirectement à l'histoire, qu'après l'arrestation du
roi à Varennes et les insurrections de 1792.

A l'heure où l'Assemblée législative déclarait la
patrie en danger et où tous les citoyens en état de
porter les armes étaient invités à s'enrôler dans les
bataillons des volontaires nationaux du département
de la Meuse — les anciennes provinces, en effet,
venaient de disparaître pour faire place aux départements,
et toutes les verreries de l'Argonne étaient dans la
Meuse — quelques gentilshommes verriers prenaient
le chemin de l'étranger et allaient faire cause commune
avec le duc de Brunswick, les Autrichiens et les
Prussiens.

Longwy et Verdun venaient de se rendre sans
défense, et l'ennemi s'avançait vers Sainte-Ménehould
et Châlons sur la route de Paris. Il s'agissait d'arrêter
sa marche.

Tandis que le général Galbaud s'occupait de
placer des détachements au village de Florent, en
pleine Argonne, près du Neufour, et au poste de la
côte de Biesme, prolongement du fameux défilé des
Islettes, le général Arthur Dillon quittait Grandpré

pour venir rejoindre son collègue Galbaud. Dillon avait douze mille hommes, tant d'infanterie que de cavalerie, qu'il massa aux Islettes. Les postes de l'armée française s'étendaient de Vienne-le-Château, au nord, jusqu'à Passavant, au sud, sur une longueur de quatre à cinq lieues.

Le premier soin de Dillon fut de faire fouiller, par des éclaireurs à pied et à cheval, la forêt d'Argonne, très touffue, que ne sillonnaient pas, comme aujourd'hui, de nombreux chemins, et qui pouvait offrir à l'ennemi un sûr abri. De là, les éclaireurs descendirent dans la vallée et s'avancèrent au-delà de Clermont-en-Argonne. Ils n'échangèrent avec les Prussiens que quelques coups de feu. En revanche, ils mirent la main sur un certain nombre de suspects, parmi lesquels une quinzaine de gentilshommes verriers, accusés de correspondre avec les émigrés, leurs parents et leurs alliés (1). On les fit conduire sous bonne escorte à la prison de Châlons, où Buirette assure — sans s'expliquer davantage — qu'ils coururent de grands dangers, lorsque certaines troupes parisiennes de nouvelle levée arrivèrent dans le chef-lieu de la Marne, après le massacre des 2 et 3 septembre.

Je dois dire que je n'ai trouvé, dans les archives des Islettes, aucun document touchant et ces arrestations et le rôle exact des gentilshommes verriers au cours de la défense de l'Argonne en 1792. Par contre, j'y ai pu lire de nombreux actes qui datent d'une époque

(1) Dumouriez, dans ses *Mémoires*, rapporte leurs efforts pour entraver la marche de l'armée républicaine.

un peu postérieure à la proclamation de la République :
actes de naissance, de mariage, de décès, même de
vente de bois ou de terrains entre verriers et particuliers.
On y rencontre les signatures du « citoyen Condé, du
citoyen et de la citoyenne Bigault », descendants directs
des gentilshommes qui avaient obtenu de Henri IV
des lettres patentes.

La mort de leurs privilèges, la suppression de la
particule à laquelle ils tenaient si fort, le remplacement
de leur qualité ancienne de « chevalier » par celle de
« citoyen », devaient froisser particulièrement l'amour-
propre de ces gentilshommes, très attachés à tous
leurs titres. Il leur restait pourtant un semblant de
puissance ; ils étaient maires de presque tous les
villages où étaient installées leurs verreries : les Islettes,
le Neufour, le Claon, etc.

Mais, ils le sentaient bien, leur influence était passée
aux mains du peuple. Elle baissait de jour en jour,
comme leur chiffre d'affaires. Des industriels point
titrés s'étaient établis dans la vallée de Biesme et
jusqu'à Sainte-Ménehould ; ils avaient construit, avec
de gros capitaux, des fours à verre très prospères, où
ils employaient et salariaient les enfants de ceux-là
mêmes qui, auparavant, ne souffraient pas qu'un autre
qu'un gentilhomme fabriquât des bouteilles. Autant de
blessures à la fierté native des Bigault et des Condé.
Tout croulait donc ! Dès avant la Révolution, leurs
familles avaient commencé à se disperser. Leurs fils,
leurs cousins, au lieu de rester au poste d'honneur,
devant les ouvreaux de la Biesme, avaient écouté les
conseils d'une voisine de la vallée, la duchesse d'Elbeuf,

dame de Vienne-le-Château, étaient entrés dans les
écoles militaires du royaume. Et maintenant ils servaient dans l'armée, ils maniaient le mousquet et le
sabre au lieu de la canne à verre!

Au moins ceux-là étaient avec le roi. Mais les
autres gentilshommes verriers qui, profitant des
circonstances, s'étaient déshonorés en acquérant des
biens nationaux! De quel mépris les dernières
familles restées en Argonne ne devaient-elles point les
écraser?

Un moment encore la fortune leur sourit, et ils
purent se croirent revenus aux beaux jours où leurs
produits inondaient les vignobles de Champagne et de
Bourgogne. C'était après le premier Empire. Leur
chiffre d'affaires qui, sous Napoléon, était tombé à
cinq cent mille francs, remonta brusquement. Sous
la Restauration. il dépassait deux millions. Mais, vers
1830, la décadence commença; elle ne devait plus
s'arrêter.

Ses causes? La concurrence directe des verreries à
la houille, établies dans le Nord et le Midi de la
France, plus encore que la crise qui, durant les premières années du règne de Louis-Philippe, sévit sur
l'industrie. En quelques années, les bénéfices des
gentilshommes verriers de l'Argonne descendirent à
trois cent mille francs. Actuellement il est bien moindre
encore, et les gains splendides d'autrefois sont passés
à l'état de souvenir.

Des treize verreries qui, à la fin du xviiie siècle.
existaient dans l'étroite vallée de Biesme, quatre seulement avaient pu se maintenir avant la guerre franco-

allemande : celles de la Chalade, du Neufour, de Lochères, près d'Aubréville, et des Senades. Seules subsistent aujourd'hui cette dernière — longtemps dirigée par les trois sœurs, Mlles de Parfonrut — et la verrerie que l'on construisit en 1870, aux Islettes, près de la voie ferrée, pour y appeler les ouvriers du Neufour.

Leurs usines détruites, le cœur gros, les gentilshommes verriers se dispersèrent. Les uns, maîtres en cloches ou maîtres en bouteilles, quittèrent l'Argonne, passèrent à la solde d'industriels roturiers, et l'on en pourrait trouver peut-être d'occupés dans les établissements des environs de Paris et de Lyon. Les autres, à qui leur âge ne permettait plus d'embrasser une autre profession, d'ailleurs réputée vile, continuèrent à vivre, dans le pays, du peu qu'ils avaient amassé. Ceux-là, au moins, ne dérogeaient pas. Mais on en cite qui, infidèles à l'esprit de caste, changèrent de métier et troquèrent, par exemple, la canne du verrier contre la pelle du boulanger. Je connais un de ces derniers : il s'appelle de Finance, un nom aristocratique s'il en fut.

A-t-il vraiment dérogé, puisque, pareil aux gentilshommes ses ancêtres, il expose, lui aussi, son buste nu à la chaleur d'un four?

*
* *

C'est la question qu'il me posait en riant, un jour de l'automne dernier où il me conduisait à la verrerie des Islettes.

J'aurais souhaité qu'il m'accompagnât dans ma

visite ; mais, à la porte, il me faussa brusquement compagnie. Sans doute une honte le retenait d'entrer dans une usine semblable à celle où, durant des siècles, avaient peiné les « hâzis », ses aïeux.

Proche la gare, la verrerie des Islettes dresse ses bâtiments massifs qui se développent en tout sens sur un vaste emplacement, à la lisière de la forêt d'Argonne. La nuit, quand flambent ses deux fours, on dirait d'un immense incendie. La verrerie en feu illumine d'une lueur quasi sinistre le paysage environnant : la cité ouvrière et l'orée du bois. Devant les ouvreaux ou places de travail vont et viennent des ombres maigres, vêtues d'une longue chemise de toile bleue sans manches. Ce sont les verriers, durs à la tâche, le masque bruni par le feu.

Le matin, à l'heure où j'y pénètre, la verrerie est en pleine activité. La fonte du verre s'est faite la veille, pendant que dormaient les ouvriers. Et maintenant, les voilà à l'ouvrage, tout en sueur, dans la suffocante atmosphère des ouvreaux.

A chaque ouvreau est attachée une équipe de quatre personnes, hiérarchiquement distribuées : le souffleur ou maître, un homme bien bâti, qui ne perd pas son temps et fait, chaque jour, ses cinq cents bouteilles ; le grand garçon, aide principal du souffleur ; le petit garçon ou gamin : enfin, le porteur.

Le verre en fusion est cueilli dans un bassin, au bout d'une canne de fonte creuse, longue d'un mètre cinquante environ, par le grand garçon ou par le gamin. Il est travaillé d'abord par le grand garçon qui, en balançant le bout de la canne sur une plaque rectan-

gulaire de fonte lisse, allonge le verre en poire, lui
donne déjà un soupçon de forme où se devine la bouteille. Mais, au cours de cette manipulation, le verre
s'est refroidi. Le gamin le réchauffe à l'ouvreau et
passe la canne au maître qui, de toute la force de ses
poumons, souffle dans la canne. Et la bouteille prend
sa forme définitive dans deux moules, le premier en
terre réfractaire, le second en fonte, qui s'ouvre et se
referme au moyen de pédales. Toutefois, au svelte
goulot, il manque son ornement, la bague. Elle se fait
à l'ouvreau, au moyen d'une baguette en fer, la cor-
deline, et passe ensuite dans des fers à biseaux.

La bouteille est achevée : elle est toute rouge, d'un
beau rouge cerise, et molle encore. Telle quelle, le souffleur la confie au porteur, un bambin pas plus haut
qu'une botte, qui, tout fier de sa tâche aisée, marque
la bouteille, au goulot ou à la panse, d'un trait à la
craie, pour permettre de reconnaître quelle équipe la
fit. Des mains du porteur, les bouteilles passent dans
celles du « carcaissier », qui les range en piles, en un
fourneau spécial où elles recuiront. Les ouvertures de
ce fourneau, d'abord chauffé au rouge cerise, seront
débouchées graduellement pour éviter les transitions
brusques de température qui feraient éclater le verre.
Le « recuit » ne dure pas moins de six jours. Au bout
de ce temps, la bouteille sort du fourneau complètement refroidie, d'un beau vert limpide, prête à courir
le monde.

La bouteille des Islettes, m'affirme un ouvrier, est
très renommée. Le verre n'en est point fragile. Elle
ira donc aux vignobles champenois, plutôt qu'aux

vignobles bourguignons ou bordelais. Et de fait, c'est
en Champagne que se vendent surtout les quatre ou
cinq mille demi-bouteilles — car, aux Islettes, on ne
fabrique pas la grande bouteille — produites journelle-
ment par la verrerie.

Dix heures sonnent. C'est le moment du repos. Les
verriers regagnent leurs demeures, voisines des fours.
Je profite de l'arrêt du travail pour les suivre. Dans
la cité ouvrière, qui ne compte pas moins de 200 habitants, hommes, femmes et enfants, règne une grande
animation. Devant les maisons, au beau milieu de la
rue, la traditionnelle soupe au lard de Lorraine cuit
tout doucement, et la femme la surveille de chez elle,
en faisant son ménage. En attendant l'heure du repas,
des vieux qui ne travaillent plus, mais qui mangent
tout de même, fument paisiblement leur pipe sur un
banc de bois.

Je fais un bout de causette avec l'un d'eux. Il m'apprend que la verrerie des Islettes a été construite en
1870, mais que le travail commença seulement en
1871, à cause de la guerre, l'armée prussienne ayant
longtemps occupé le village.

— Voyez-vous, me dit-il, il y avait des usines aux
environs, à trois ou quatre kilomètres d'ici. Mais c'est
loin du chemin de fer ; quand le train s'est mis à passer
aux Islettes, c'était plus commode pour le transport des
bouteilles, « nomme? » (n'est-ce pas?) Alors on a
abandonné ces fours-là, installé une verrerie ici et bâti
la cité. J'étais là, je le sais bien. Les ouvriers sont logés
et chauffés pour rien, et chaque ménage a à sa disposition un jardinet. Ça fait qu'on a encore des légumes.

— Et les verriers sont-ils contents de leur sort?

A cette question, pourtant très naturelle, le vieux, si loquace jusqu'ici, parut décidé à se taire. Au bout d'une minute toutefois, quand il eut achevé de débourrer sa pipe de terre, dont le culot s'obstinait à ne point tomber, il me cria :

— Oui donc, qu'ils sont heureux!

— Combien gagnent-ils?

— Ça dépend; des fois plus, des fois moins. Mais le patron, M. de Granrut, les paie bien, allez.

C'est tout ce que je pus tirer de lui, relativement au gain des verriers.

— Les ouvriers ne se plaignent pas de leurs douze heures de travail par jour?

— Que non! Là-dedans, ils ont trois repos, d'une demi-heure chaque. Et puis, qu'est-ce que vous voulez?

— Mais le métier est fatigant.

— C'est ben pour ça qu'ils se reposent, dame! conclut judicieusement le vieux.

Cependant je l'examinais. Ses paupières étaient barrées d'une large ligne rouge. Et une large tache, rouge aussi, marquait ses pommettes. On eût juré qu'il venait de se farder. Déjà, j'avais observé ce rouge indélébile sur le visage des jeunes ouvriers.

Une fois encore je lui posai ma question, mais plus nettement :

— On dit que l'on meurt jeune, chez les verriers?

Il me toisa des pieds à la tête: décidément je lui paraissais bien indiscret, et sa méfiance allait croissant. Non sans toussoter, — fumée de la pipe ou fatigue de

longues années vécues devant le four à verre? — il me
jeta, d'un air hargneux :

— Vous êtes de Paris, probable, monsieur. Eh ben!
vous direz aux gens de Paris que c'est des « mente-
ries ». Regardez-moi, est-ce que j'ai l'air d'avoir pâti
du métier?

Là-dessus, il se leva en chancelant, me salua de son
bonnet et rentra à la maison, tandis que la cloche rappelait au travail les ouvriers.

J'appris de plusieurs verriers que ce vieux, auquel
je donnais près de 80 ans, tant il était cassé, n'en avait
pas encore 60. Sans pourtant trop se plaindre, ils me
parurent moins heureux de leur sort que n'avait tenté
de me le faire croire leur aîné, l'homme à la pipe de
terre. On gagnait encore sa vie, mais la concurrence
faisait de plus en plus baisser les salaires. Et puis, il y
avait le chômage.

— Nous ne chômons pas en ce moment, vous le
voyez, me dirent-ils. Mais ça viendra bientôt sans
doute. Et tenez, actuellement, vous pouvez aller à trois
portées de fusil, à la verrerie des Senades ; il n'y a pas
un ouvrier. Le travail ne reprendra que dans quelques
jours, et voilà six semaines qu'on l'a quitté!

Leur voix était mélancolique. Et sur leur front sou-
cieux, comme dans leurs yeux — leurs pauvres yeux
aux paupières rougies, — se lisait toute leur pensée.
Ils songeaient au temps où, comme toutes celles qui
l'avaient précédée, la verrerie des Islettes fermerait ses
ouvreaux, et où disparaîtrait le dernier des gentilshommes verriers de l'Argonne.

1899

XI

UNE FERME MODÈLE

LA GRANGE-LE-COMTE

C'est à la lisière des vertes forêts d'Argonne, dans un frais vallon où courent deux ruisselets ombragés d'aunelles, que se dressent les bâtiments de cette ferme modèle. La route départementale de Bar-le-Duc à Neuvilly, aujourd'hui veuve des beaux arbres de jadis, est toute proche, et le chemin de fer aussi — un minuscule chemin de fer à voie étroite, qui abat carrément ses vingt kilomètres à l'heure, et qui siffle si drôlement, et si pacifique ! Et des villages aussi sont tout voisins : Rarécourt, qui fut une petite république et dont l'histoire est bien curieuse ; Auzéville, ceint d'oseraies, assis au bord de l'Aire, dans la riche prairie ; Clermont, villette plus que village, fière de ses rues pavées, de ses maisons cossues, de sa pittoresque pro-

menade de Sainte-Anne, jadis couronnée d'un orgueil-
leux château-fort.

Mais la Grange-le-Comte se tient à l'écart, à un
kilomètre de la vallée d'Aire, un peu plus près de la
route, dans un pli de terrain qui la dérobe presque aux
yeux des touristes et des passants, comme pour lui
laisser tout l'agrément et toute la saveur de sa solitude
rustique. Un chemin creux y mène, ombragé de peupliers chuchotants. Et nous voilà dans la plus vaste
exploitation culturale d'une contrée où les fermes sont
rares, où les domaines sont étrangement morcelés, où
les propriétaires ont ici, là, plus loin, de menus tra-
pèzes, de menus rectangles, de menus carrés de terrain.

S'il n'était aussi modeste, le maître de la Grange-le-
Comte, M. Albert Robat, s'enorgueillirait d'un tel
domaine. Ces champs à perte de vue, ces champs de
blé où le vent chaud de juillet fait courir une houle
blonde ; ces champs d'avoine dont les épis frémissent
délicatement ; ces pacages à l'herbe drue, clôturés de
de fils de fer et de ronce artificielle, où, des premiers
effluves tièdes d'avril aux premiers brouillards, aux
premières gelées blanches, aux premières bises aigres
d'octobre, paissent vaches et chevaux — tout cela est
à lui. C'est lui qui, ses grades conquis au lycée, puis
à l'École de droit, assez riche pour vivre largement en
touchant ses coupons, mais estimant que l'homme n'a
pas le droit de rester oisif, n'a point dédaigné de mettre
au service de l'agriculture les ressources de son intelligente activité. Depuis vingt années, à force d'expé-
riences et de recherches, bouleversant parfois les pro-

LA GRANGE-LE-COMTE. — VUE GÉNÉRALE.

cédés de culture en usage dans le pays, il a fait, de
deux ou trois cents hectares de terres de qualité secondaire, des terres de rendement productif. Plus d'un
gros fermier normand, plus d'un propriétaire terrien
d'Angleterre ou d'Écosse jalouserait certes l'heureux
possesseur de la Grange-le-Comte.

Légitime envie ! En ces pacages vivent plus de trois
cents vaches — un régiment de vaches de toutes robes
et de toutes races, bonnes bêtes aux mamelles lourdes
de lait : des rouges, des noires, des blanches, des café
au lait, des mouchetées ; des bretonnes, des normandes,
et des races qu'il est permis à un citadin d'ignorer.
Nul autre éleveur français ne saurait, je crois bien, se
vanter de posséder autant de bêtes à cornes. Vous jugez
de la quantité de lait que, matin et soir, peuvent fournir
tous ces pis ! Vous vous faites aisément une idée du
nombre de kilogrammes de beurre fin, de délicieux
fromages, concurrents du meilleur Camembert et du
meilleur Brie, qu'avec ce lait non écrémé l'on façonne
à la ferme.

Car tout se fait à la Grange-le-Comte, sous l'œil
attentif de M. Albert Robat. Ce diable d'homme veille
à tout, il est partout. Il est dans les salles où se bat
mécaniquement le beurre, où se prépare le fromage.
Vous le rencontrerez dans les écuries spacieuses, largement éclairées, propres à l'égal des cuisines flamandes.
Vous le trouverez, caressant l'échine de ses porcs qui
rôdent librement dans les cours, en quête d'un coin
d'ombre ou d'un rais de soleil ; dans la basse-cour où
les coqs, les poules, les pintades mènent un tapage
étourdissant. A moins qu'il ne surveille, aux alentours,

ses pelotons d'ouvriers occupés aux travaux de la terre
et à la manœuvre des machines perfectionnées, rivales
heureuses des bras de l'homme. Et peut-être le verrez-
vous lui-même, juché sur le siège de quelque moisson-
neuse-lieuse. Il ne se croira point déshonoré.

Dès l'aube, il est debout. S'il ne se couche pas le
dernier, à la belle saison, vous êtes sûr de le trouver
sur pied à l'heure où la ferme sommeille. A minuit,
quelque temps qu'il fasse, que le ciel soit criblé d'étoiles
ou que le vent y chasse ses rafales, M. Robat, son bâton
noueux d'une main, sa lanterne de l'autre, fait le tour des
écuries, des engrangements, de ses parcs à bétail, de
ses « maternités », comme il les appelle, où les vaches
se débrouillent toutes seules, même au moment du
vêlage ! Alors, certain que partout l'ordre règne, il se
décide à regagner son lit.

L'autre jour, au compatriote profane que je suis,
M. Albert Robat a fait les honneurs de sa propriété. Il
m'a guidé à travers le véritable village qu'est la Grange-
le-Comte. Il m'a montré — ignorant que j'en dusse
parler ici — les maisons où il loge son nombreux personnel : marcaires venus de Suisse — un pays où l'on
s'entend à soigner le bétail, — ouvriers agricoles,
domestiques de ferme. Confortables logis. Une immense pièce au rez-de-chaussée, où la femme cuisine
et où l'on couche, comme c'est la mode en Lorraine :
une chambre de mêmes dimensions au premier étage,
voilà pour un ménage. L'air et la lumière y pénètrent
à flots. Un jardinet de fleurs est l'ornement de chaque
maison, dont les hôtes respirent la santé : ici, l'on
ignore l'anémie et la tuberculose.

LA GRANGE-LE-COMTE. — RENTRÉE D'ATTELAGE.

(SAISON D'AUTOMNE.)

Et, ma visite aux bâtiments terminée, M. Robat me conduisit derrière le château, voir ce qu'il nomme « son Tyrol ». C'est là qu'il vient rêver (mais oui, rêver) parfois, quelques minutes —, quand il a le temps — dans un cirque de verdure. Le décor est sauvage à souhait, à l'orée des grands bois dont les frondaisons moutonnent à l'infini. Isolé du monde et des « vagues humanités », on écoute parler la forêt. Les soirs d'été y sont très doux et d'un grand charme mélancolique. Un angélus tinte au lointain et les cloches se répon-pondent d'un village à l'autre, dans l'air subtil : les sonnailles des troupeaux sont d'argent clair ; les ombres s'allongent démesurément ; le soleil plonge dans les bois, et les cimes des arbres sont toutes roses de ses suprêmes rayons. De la cendre fine tombe du ciel et, peu à peu, noie toutes les formes.

Nous revînmes à la Grange-le-Comte. Le crépuscule d'août tombait. La ferme, accablée aux heures chaudes, se réveillait à la vie de chaque soir. De la terrasse du château où la gracieuse femme et les aimables filles de mon guide se reposaient dans le parfum des fleurs, je vis la Grange-le-Comte s'animer. Soir biblique où le modernisme jetait sa note aiguë ! Les ouvriers rentraient, bruns de hâle, la faulx ou le râteau sur l'épaule, saluant d'un bonsoir, respectueux et cordial tout ensemble, le maître et les maîtresses de la ferme. Des femmes, la cruche à la hanche, allaient puiser aux fontaines. Les machines américaines revenaient des champs, avec un bruit de ferrailles sur les cailloux. Des chevaux hennis-saient ; des vaches meuglaient ; les roues des chariots lourds de blé grinçaient sur la route. Une confuse rumeur

montait du vallon. Toute la ferme était tumultueuse.
Mais on sentait, éparses dans l'atmosphère en ce soir
joli, tant de douceur et de sérénité prêtes à descendre,
que l'on eût rêvé de vivre là, loin du fracas des villes,
toute sa vie de labeur.

XII

VARENNES-LE-GRAND

Si Louis XVI fut décapité le 21 janvier 1793 sur la place de la Révolution (aujourd'hui place de la Concorde), la Royauté, à vrai dire, était morte en France depuis dix-huit mois déjà. Jean-Baptiste Droüet, le maître de poste de Sainte-Ménehould, et quelques gardes nationaux de village lui avaient donné le coup de grâce à Varennes-en-Argonne, dans la nuit du 21 au 22 juin 1791.

Le 21 juin, voilà le véritable anniversaire de la chute de la monarchie en notre pays.

On trouvera, dans ce livre même, des documents inédits et quelques détails curieux relatifs à l'événement de Varennes. Tantôt il est question de Droüet, tour à tour cultivateur, maître de poste, député de la Marne à la Convention, sous-préfet de sa ville natale, garçon d'écurie, ouvrier bottier, maitre-tailleur, fabricant d'eau-de-vie de sarments de vigne, mécanicien, et

dont la romanesque existence se termina misérablement
à Mâcon. Tantôt nous contons les déboires, après l'événement de Varennes, de l'épicier-chandelier Sauce,
chez qui Louis XVI, Marie-Antoinette, Mme Élisabeth et
les Enfants de France passèrent la fatale nuit du
21 juin.

Il sera question ici des adresses de félicitations qui,
de tous les points de la France, des grandes villes
comme des plus humbles villages, affluèrent à Varennes-en-Argonne, à la fin de juin et en juillet 1791.
Elles forment la partie la plus intéressante, et relati-
vent la plus ignorée, de toutes les pièces conservées
dans le dossier de l'arrestation de Louis XVI. Des historiens les ont vues, les ont palpées. Non pas Michelet,
non pas Thiers, non pas Louis Blanc, mais Victor Fournel et l'abbé Gabriel qui en parlent, l'un dans *L'Événement de Varennes*, l'autre dans son *Louis XVI et le
marquis de Bouillé*.

A notre tour, nous avons voulu voir, palper, lire ces
adresses, aux archives de Varennes, dans la ville même,
qui a gardé sa physionomie générale de jadis ; où subsistent encore des témoins de l'arrestation, des témoins
de pierre et de bois — s'entend — tels que l'église
paroissiale et la maison de Sauce. Les cloches de cette
église sonnèrent le tocsin durant plus de deux heures ;
les murs de cette maison abritèrent une pitoyable
agonie.

Ah ! le papier jauni de ces liasses d'adresses dont
s'enorgueillissent les archives varennoises...

Les ans ont coulé, les mœurs se sont transformées,
la langue nationale s'est modifiée. Mais sous l'encre

VARENNES EN 1790.

(D'après un dessin de M. A. George, fils du député.)

pâle des mots anciens, des phrases anciennes, s'évoquent
les jours héroïques. Le passé resurgit. Les ancêtres se
réveillent. Voici donc ce que, à la grande nouvelle de
l'arrestation, pensèrent et écrivirent sincèrement les
patriotes! L'enthousiasme était à son comble. A quelques
lieues de la frontière, un modeste maître de poste avait
reconnu le roi; quelques citoyens, munis de piètres
armes, mais résolus, l'avaient aidé à capturer Louis XVI.
C'était tout. Et que c'était sublime! Et quel dangers, prêts
à fondre sur la France, les Varennois avaient écartés !

Les centaines d'adresses parvenues à Varennes
témoignent des sentiments de reconnaissance de tout
un peuple envers les héros que Paris, à la fin de juin,
fêta comme jamais triomphateurs n'avaient été fêtés ;
auxquels l'Assemblée nationale accorda, comme on
sait, des récompenses pécuniaires, quelques-unes vraiment abusives.

Gardez-vous de les lire, ces adresses, avec les yeux
d'aujourd'hui. Les trois quarts vous paraîtraient purement grotesques, avec leur style amphigourique. Elles
sentent leur époque; le style, c'est le style de l'époque.
Les circonstances l'ont fait tel, par toute la France.
Que les adresses émanent des directoires de départements ou de districts, des municipalités, des Sociétés
des Amis de la Constitution ; qu'elles aient été envoyées
par les régiments ou les gardes nationaux, elles sont
les mêmes, plus ou moins chaleureuses, mais de style
pareil. A qui est-il possible de comparer Droüet, son
ami Guillaume, les Varennois qui s'élancèrent à la
tête des chevaux, arrêtèrent la berline royale sous la
voûte de Saint-Gengoult? Mais aux Spartiates les plus

vaillants ; aux Romains les plus glorieux, à Mucius Scævola, à Brutus, à Horatius Coclès! Plus près de nous, à Eustache de Saint-Pierre et à ses compagnons. Et encore, Eustache de Saint-Pierre !...

Les *Amis de la Constitution*, de Calais, le déclarent formellement. Les Varennois de 1791 doivent être placés bien au-dessus d'Eustache de Saint-Pierre et de ses compagnons. « Désormais, ajoutent-ils, quand un citoyen aura bien mérité de la patrie, on dira : « Il était digne d'être né à Varennes. »

La poste avait, par erreur, porté à Varennes-le-Grand (1) dans l'Allier, une de ces lettres de félicitations, adressée à Varennes (Meuse). Voici dans quels termes (nous respectons scrupuleusement l'orthographe) les officiers municipaux de Varennes retournèrent la lettre à ses véritables destinataires, les Varennois d'Argonne :

« A MM. les officiers municipaux de Varennes-le-Grand.

« Messieurs et frères,

« Francs comme le nom que nous portons ou comme celui du païs que nous habitons, nous osons l'avouer, l'hommage qui vous est dû et que vous trouvés ici a été parce que nous, habitans d'un Varennes, sur son étiquette, l'avons jugé pour nous. Lever un cachet est impoli, est pis, inconstitutionèle : l'innocence est notre excuse, votre indulgence notre ressource. *A l'avenir prenés le nom de Grand;* si vous n'avès gagné des

____

(1) Il y a aujourd'hui un Varennes-le-Grand, à quelques kilomètres de Châlon-sur-Saône.

ÉGLISE PAROISSIALE DE VARENNES.

batailles, que vous nous en avès évitées dans l'arrestation d'un roy déloyal! Si vous n'êtes pas nos pères,
vous nous avès du moins conservé la vie !

« Pour tant de bienfaits prenés le nom de Varennes-
le-Grand. Ho! que disons-nous, de grand Varennes :
ce nom est le seul qui convienne à votre citée! C'est
l'épitette de l'immortalité que vous avés acquise... Et
si notre amour, malgré notre faute involontaire, peut
vous être de quelque ressource, nous sommes prêts à
mourir pour vous. En attendant, *nous vous offrons
comme à nos vainqueurs la radiation du nom de Varennes
pour nous être, pour ainsi dire, en fumée d'encens qui
brûlait pour vous.* »

Cette adresse, dont vous ne rirez pas, est signée du
maire et du greffier. Je n'en sais pas d'aussi trou-
blante, et d'aussi naïve, et qui fleure un plus complet
désintéressement. L'effacement de Varennes-le-Grand
en présence de son glorieux homonyme ne valait-il
pas d'être, d'abord, signalé?

Pareillement dithyrambique, l'adresse du directoire et du district de Saint-Dizier (Marne) :

« Ville et peuple à jamais célèbres dans les fastes
de l'histoire, les bénédictions de tous les siècles vous
attendent ; et si, dans l'avenir, la faulx du temps détrui-
sait Varennes au point qu'il n'en restât plus aucune
trace, l'œil humide de pleurs, nos derniers neveux, à
genoux sur la place qu'aura occupée son enceinte,
s'écrieront avec transport : « C'est là qu'était Varennes :
« c'est là qu'ont vécu des hommes dignes d'être libres ;
« c'est là que fut arrêté dans sa fuite un roy parjure
à ses serments. »

Les administrateurs de l'Isère, ceux du Tarn, de
l'Ain, du Doubs, promettent aussi l'immortalité à
Varennes et à ses habitants.

L'adresse de Chaumont (Haute-Marne) est d'un sobre
lyrisme tel que nous nous en voudrions de la passer
sous silence. C'est presque un modèle de style narratif.
La voici :

« Louis XVI, égaré par de perfides conseils, parjure
à son serment, fuit clandestinement la France ; il court
se jeter dans les bras de ses ennemis, des ennemis de
la Nation ; il touche aux frontières ; la nuit semble
assurer son évasion en couvrant l'espace qui lui reste
à franchir, mais le patriotisme des citoyens de Varennes
veille et l'arrête là... Tout est si grand, si imposant
dans votre conduite à cette occasion, que nous n'osons
la louer de crainte d'affaiblir notre hommage. »

Les administrateurs du département de la Somme
écorchent les noms des héros de l'arrestation (et c'est
ainsi que *Ponsin* devint pour eux *Pontant*) ; mais bast !
elle ne laisse pas que d'être au plus haut point flat-
teuse.

L'adresse du district de Clamecy transforme également en *Maugis* le citoyen Mangin, chirurgien à
Varennes et avoué près le tribunal de cette ville, qui
fut délégué par la municipalité varennoise pour aller
en hâte aviser l'Assemblée nationale de l'arrestation
du roi (1). Ce *lapsus calami* n'ôte rien à l'éloquence

(1.) Mangin quitta Varennes à deux heures du matin et fit, assure-t-on,
le voyage de Paris en *quinze* heures. Admis à la barre de l'Assemblée
nationale, qui lui attribua par la suite une récompense de six mille livres,
Mangin narra devant les députés, au milieu du plus vif enthousiasme,
l'arrestation de la famille royale.

VARENNES EN 1904.

un peu pompeuse de la pièce dont nous détacherons
ces quelques lignes :

« O nos amis, ô nos frères, ô hommes libres et
dignes de l'être! Vos champs sont voisins des champs
ennemis, et nous, nous sommes dans le centre de cet
empire: mais ne craignez rien pour vos foyers. Tout
l'empire a les yeux sur vous. Quatre cent mille citoyens
sont prêts à repousser et à venger les injures dont des
esclaves s'apprêtent peut-être à récompenser votre
valeur et votre patriotisme. Cent guerriers d'élite de
notre jeunesse n'attendent qu'un cri, qu'un signal de
vous; ils seront invincibles, ils auront la liberté de la
France et les intérêts de Varennes à défendre. »

On saisirait mal le sens de cette promesse de secours
si l'on ne se rappelait que le bruit avait couru, à la fin
de juin, de la mise au pillage de Varennes par les
Autrichiens. Il n'en était rien, personne ne l'ignore.

Il faut croire que la municipalité de Boissise-le-Ber-
trand (Seine-et-Marne) comptait un littérateur. Un
littérateur seul est en effet capable d'avoir écrit aux
Varennois la lettre suivante :

« Si jamais la France est destinée à voir naître en
son sein un autre Roi livré aux conseils des parjures,
un Français assez lâche pour balancer entre la vertu
avec la liberté et la fortune avec des fers, ce sera à
Varennes qu'ils seront conduits; ce sera sur le tom-
beau de Sausse que leurs yeux fascinés s'ouvriront à la
vérité. »

Sausse, Desauze, Lasausse, voilà comment, dans la
plupart des adresses, est écrit le nom de l'épicier-
chandelier, procureur-syndic de Varennes.

Personne, j'imagine, n'a jamais douté du courage des Cévenols. A ceux qui en eussent douté, ou en douteraient, livrons ce cri des gardes nationaux de Saint-Hippolyte (Gard) : « A votre place, il n'est aucun Cévenol qui ne se fût conduit comme vous. » Ah ! mais...

Jusqu'aux citoyennes patriotes affiliées à la Société des Amis de la Constitution, de Tonneins (Lot-et-Garonne). qui ont tenu à envoyer aux officiers municipaux de Varennes leurs félicitations. L'adresse, datée du 27 juin, an II de la Liberté, est à lire tout entière. Elle est d'une haute tenue :

« Permettez que les citoyennes patriotes viennent vous prier de présenter leur admiration, leurs remerciements et leur reconnaissance aux braves citoyens qui, en arrêtant le Roi, ont arrêté des flots de sang menaçant d'inonder l'empire. Nous n'entendrons jamais prononcer leur nom sans attendrissement : c'est à eux que nous devons nos enfants, nos époux, nos amis, nos frères; par eux, le moment où leurs bras pourraient être utiles à la liberté vient d'être retardé ; nous l'avons vu si près, ce moment! Cependant nous les aurions revêtus de leurs armes; nous les aurions vus partir pour le maintien de nos droits, pour le salut de la patrie et de la liberté, non sans douleur, mais sans faiblesse. Car mieux vaut mourir que d'être esclaves. »

Suivent une vingtaine de signatures, parmi lesquelles celles de Mlle d'Abadie, présidente; de Mme Jeanne Monteil de Parres et de Mme de Couyte.

Il serait fastidieux de citer, à défaut des adresses

VARENNES. — PONT SUR L'AIRE.

elles-mêmes, les noms de toutes les communes qui envoyèrent leurs félicitations à Varennes. Deux pages de ce livre n'y suffiraient point. Aussi bien, avons-nous signalé les plus typiques. Terminons par les adresses de Paris.

La municipalité de la capitale fit parvenir à la ville de Varennes quelques lignes (signées Bailly) de remerciements et de louanges.

Quant aux « Amis de la Constitution », de Paris, ils furent moins sobres de félicitations épistolaires.

Les administrateurs de Lons-le-Saulnier avaient envoyé aux Varennois, en « faible témoignage » de leur reconnaissance, un petit cadeau — nous n'avons pu savoir lequel. Les Frères et Amis de Paris, eux, font cette promesse : « Les noms de ceux qui ont utilement servi la patrie seront gravés sur une pierre qui sera placée dans le lieu de leurs séances et dont la vue entretiendra dans tous les cœurs le souvenir d'une action aussi glorieuse que mémorable. Cette pierre est sortie des décombres de la Bastille, et c'est ainsi que ce qui faisait le plus solide appui du despotisme deviendra, par la seule inscription de ces noms, un monument durable élevé à la Liberté. »

C'est que le peuple de Paris avait admirablement fêté les héros de l'arrestation. Les poètes avaient sollicité l'indispensable concours de la Muse et composé, en hommage aux « particuliers » de Sainte-Ménehould et de Varennes, des vers que les *aboyeurs* — les camelots du temps — disaient ou chantaient, à tous les carrefours. On vendait sur la voie publique, et elles s'enlevaient comme du pain, une foule d'estampes bon marché représentant Droüet, Guillaume, les « braves » de Varennes. Au Palais-Royal, où Mangin avait été, le 23 juin, porté en triomphe, Droüet et Guillaume étaient, deux ou trois jours plus tard, acclamés comme jamais ne le furent sauveteurs. Partout des fêtes et des spectacles étaient donnés en leur honneur; on leur prodiguait les ovations dans les théâtres où leur présence était signalée; les clubs, les réunions populaires les réclamaient, ne fût-ce que de courts instants. Ne les point posséder au sein de quelque société patriotique eût été une tache, une tare, un déshonneur.

On ne se ressaisit, à Paris, qu'au bout de quelques semaines. Droüet et son ami Guillaume avaient repris le chemin de Sainte-Ménehould, les gardes nationaux celui de Varennes. Les estampes étaient épuisées, on ne chantait plus aux carrefours. Les noms de Guillaume, de Ponsin, de Coquillard, de tous ceux qui avaient arrêté la famille royale, étaient retombés dans l'oubli, pour n'en plus jamais sortir. Seul Droüet connaîtra encore les joies de la popularité, lui qui réussit à se faire nommer, l'année suivante, député de la Marne à la Convention et, neuf ans après, sous-préfet de Sainte-Ménehould.

XIII

DEUX ÉGLISES-DONJONS

SAINT-PIERREVILLERS

ET

RIBEAUCOURT

Les abbayes fortifiées ne sont pas rares en France, et la plus célèbre est sans contredit celle du Mont-Saint-Michel (1).

Les églises fortifiées le sont relativement davantage. Il en existe pourtant un peu partout, et l'on cite souvent la cathédrale de Saint-Brieuc qui subit des

(1) Les abbayes primitives étaient presque toutes fortifiées. Saint-Germain-des-Prés, de Paris, avait des fossés garnis de remparts, des ponts-levis, des tours de guette, des barbacanes, des piloris, tout comme les châteaux-forts des hauts barons. Il en était de même de Saint-Martin-des-Champs et de l'abbaye de Cluny (*Semaine des Constructeurs*. 10 octobre 1891).

sièges mémorables au cours de la guerre de Cent-Ans (1).

Que nos lecteurs nous permettent de leur signaler quelques églises fortifiées de la région meusienne.

Saint-Pierrevillers, un petit village de l'arrondissement de Montmédy, possède une église-forteresse avec créneaux, dont M. l'abbé Nicolas, curé de Laneuville-sur-Meuse, a bien voulu prendre pour nous deux vues.

Le chœur de cette église est du pur xii° siècle, comme aussi la tour. La nef est bien postérieure ; elle ne date que du xvi° siècle. C'est à cette époque qu'elle fut fortifiée. On suréleva les murs qui furent armés de mâchicoulis et percés de meurtrières. Une cheminée monumentale avec manteaux se trouve appuyée au mur qui repose sur l'arc du chœur à la nef, au-dessus du chœur. Le mâchicoulis placé au-dessus du pan central de l'abside porte une date du xvi° siècle qu'il nous est impossible de retrouver dans nos notes.

La tradition rapporte que les habitants de Saint-Pierrevillers, assiégés dans l'église, firent prendre la fuite à l'ennemi, en lançant, du haut des mâchicoulis... des paniers d'abeilles. Le procédé était au moins piquant.

On remarquera cette disposition très particulière

---

(1) Parmi les églises proprement dites, complètement fortifiées au moyen âge, indiquons encore celle de Royat, près Clermont-Ferrand ; Notre-Dame-du-Fort, à Étampes ; les églises des Saintes-Maries, dans la Camargue ; Simorre, dans le Gers ; Maguelonne, etc...

L'ÉGLISE DE SAINT-PIERREVILLERS.

Dessin de Payraud.

d'après laquelle la nef majeure se trouve moins large
que le chœur.

Un escalier monumental, placé dans une tour qui
s'appuie au flanc gauche de l'église, donne accès sous
les combles. Au-dessus de la voûte, il y a deux vastes
salles, éclairées par les créneaux, et où les gens de
Saint-Pierrevillers se retiraient en temps de guerre,
munis de vivres pour plusieurs semaines (1).

*
* *

Si la massive église-donjon de Saint-Pierrevillers
sollicite la curiosité des archéologues, et même des
touristes profanes que laisse froids l'archéologie,
l'église-forteresse de Ribeaucourt, à quelque vingt-
cinq lieues de Saint-Pierrevillers, est plus intéressante
encore.

En ce pays de Lorraine, aux marges de frontières
indécises, on éprouvait jadis le besoin de se défendre
constamment contre les incursions, et des armées
organisées, et des bandes de pillards. C'est ce qui
explique le nombre relativement élevé d'églises-for-
teresses dans la Meuse, dans les Vosges, en Meurthe-
et-Moselle. Citons, au hasard des souvenirs, celle de
Mont-devant-Sassey, monument historique des plus
remarquables, qui fut assiégée durant les guerres de
la Fronde, du 23 au 27 mars 1652 ; on voit encore,
sur les murailles de la tour, les traces non équivoques
des coups de boulets ; — celles de Cuisy, Cléry-Petit,
Tronville, Troussey (ces deux dernières fortifiées au

(1) Un plan de l'église de Saint-Pierrevillers se trouve à la Bibliothèque de Verdun.

xvi⁰ siècle), Hattonchâtel, Senonville, Rouvrois-sur-Meuse, Vertuzey, Dagonville.

De toutes ces églises-donjons, la plus notoire est à bon droit l'église romane de Ribeaucourt-sur-Orge, non loin de Montiers.

Camille Fistić, qui la visita voilà près de vingt ans, nous l'a très fidèlement et pittoresquement dépeinte « avec sa porte et ses voûtes à plein cintre, ses meurtrières, ses ronds noirs, ses longues étroites ouvertures par où l'on guettait l'ennemi pour le lapider, l'échauder, et ses terrifiantes gargouilles qui étaient censées propres à épouvanter les assaillants en temps de guerre, les fidèles en tout temps. A-t-on jamais blessé, tué quelqu'un par ces meurtrières? Quels hourras alors parmi les défenseurs, et quelles imprécations parmi les assiégeants! Et ce pays perdu entre les pays perdus, on se le disputait donc aussi! Comme tout cela est passé! »

Un peu plus loin, Camille Fistié nous montre l'église s'élevant au milieu du cimetière, à l'écart et au-dessus du village qui, jadis, s'étendait derrière elle et tout contre, tandis qu'il s'allonge maintenant à droite, dans un vallon.

Une brochure publiée par M. Charles Royer, architecte à Bar-le-Duc, qui entreprit, en 1889, de restaurer l'église de Ribeaucourt, nous fournit quelques renseignements d'un vif intérêt sur ce donjon.

Aux siècles passés, Ribeaucourt, étant au bailliage de Saint-Thiébaut, constituait une sorte d'enclave du Bassigny champenois et comme un poste avancé français en face des États lorrains. Une telle situation

INTÉRIEUR DE L'ÉGLISE DE SAINT-PIERREVILLERS.

Dessin de Payraud.

explique et motive l'établissement d'un refuge fortifié qui ne fut autre que l'église bâtie sur la colline.

Cette église, dont nous donnons deux gravures, l'une d'après un dessin de M. Wlodimir Konarski, l'autre d'après une photographie de M. Charles Royer, domine la vallée de l'Orge. Sa construction primitive paraît dater du xie siècle. Elle se compose d'une seule nef qui n'a jamais été voûtée. Des constructions parasites l'enlaidissaient, notamment une horrible sacristie, accolée au flanc droit de l'église et qui cachait la base de la tour, dont le haut n'existait plus quand M. Royer entreprit la restauration de l'édifice.

Tel qu'il est aujourd'hui, le clocher de Ribeaucourt est un véritable donjon, avec chemin couvert, mâchicoulis, créneaux, meurtrières. Quant à l'église elle-même, M. Royer lui a restitué en partie l'allure générale qu'elle devait avoir à l'origine, avant que, sous prétexte d'embellissement, la main de l'homme en eût altéré le caractère guerrier.

L'ÉGLISE DE RIBEAUCOURT APRÈS ET AVANT SA RESTAURATION.

XIV

TRAGIQUES DESTINS

La récente représentation, au théâtre Sarah-Bern-
hardt, de *Varennes*, la belle pièce de MM. Henri
Lavedan, de l'Académie française, et G. Lenôtre
qui en sera bientôt, a rappelé l'attention sur l'événement le plus important peut-être de notre histoire,
le plus gros de conséquences : l'arrestation de la famille
royale à deux pas de la frontière, dans la petite ville de
Varennes.

Les faits sont connus, jusque dans leurs plus minuscules détails, et nous en avons parlé dans ce livre
même.

Mais sait-on que quelques-uns des personnages qui
jouèrent un rôle dans la nuit fameuse du 21 au
22 juin 1791, qui contribuèrent à « bouleverser la
face du monde » — le mot est de Napoléon Ier —
eurent un tragique destin et moururent de mort
violente?

*
* *

Jean-Baptiste Droüet, l'auteur principal de l'arrestation, trépassa, lui, tranquillement à Mâcon, sous un nom d'emprunt, en avril 1824, et Jean-Baptiste Sauce (1), l'épicier-chandelier devenu, en 1792, greffier en chef du Tribunal criminel de la Meuse, s'éteignit dans son lit à Saint-Mihiel, le 24 octobre 1825, non pourtant sans avoir été quelque temps atteint du délire de la persécution.

Toutefois, le maître de poste de Sainte-Ménehould faillit — on l'ignore communément — payer de sa vie son acte audacieux, à Varennes même, durant la nuit si fatale à la royauté. Au moment où le baron de Goguelat (2) — que le procès-verbal de la municipalité de Varennes appelle « l'aide de camp du sieur Bouillé » — fonçait, avec douze hussards, sur les patriotes de la ville massés aux abords de la maison de Sauce, Droüet s'élança à la tête du cheval de Goguelat. « Je sais, cria-t-il à l'officier, que vous voulez enlever le roi, mais vous ne l'aurez que mort. » Irrité, Goguelat saisit prestement un de ses pistolets. Il allait brûler la cervelle à Droüet, quand il réfléchit que la mort du maître de poste serait infailliblement le signal d'un combat où périraient ses hussards et qui peut-être entraînerait le massacre de toute la famille royale.

Goguelat abaissa son pistolet. Droüet était sauf.

Quant à l'épicier-chandelier, qui remplissait les

(1) Et non *Sausse*, comme l'ont écrit la plupart des historiens, Thiers et Guizot en tête.
(2) Goguelat, né à Château-Chinon en 1746, mourut à Paris en 1835.

fonctions de procureur-syndic, il ne courut pas, en cette nuit, le risque d'être tué ou blessé. Mais — nous l'avons conté dans *Sauce, de Varennes* — en septembre 1792, les Prussiens envahirent le domicile de Sauce, à Saint-Mihiel, et le saccagèrent. Le greffier du Tribunal criminel était absent pour cause de service public. Mme Sauce, effrayée, s'enfuit par le jardin et tomba dans un puits. Elle mourut deux jours après (1).

Ainsi décéda cette jeune femme qui, à Marie-Antoinette la suppliant d'implorer M. Sauce pour qu'il

(1) De l'opération dirigée à Saint-Mihiel par l'armée du duc de Brunswick, en septembre 1792, il existe une relation écrite par le général Menu de Minutoli, un des officiers prussiens qui y prirent part. Minutoli n'était que lieutenant en 1792. Il publia sa relation en 1845, seulement un an avant sa mort. D'après lui, les Prussiens avaient appris à Verdun, le 2 septembre, que le maître de poste Droüet était à Saint-Mihiel. Le major Velten, du régiment d'Eben, reçut l'ordre d'enlever Droüet. Pour cela, on lui confia le commandement d'un détachement de cent hussards et de cent fusiliers.

Les officiers chargés de cueillir le maître de poste de Sainte-Méne-hould rentrèrent bredouille, naturellement.

Et voici ce qu'écrit Minutoli, qui a confondu Droüet avec Sauce, Mme Sauce avec Mme Droüet :

« Le capitaine de Haas et le lieutenant de Welzien, qui avaient été chargés d'arrêter *Droüet* à son domicile, avaient trouvé le nid vide, car le maître de poste était parti la veille même pour Paris. Mais *sa femme et ses filles* étaient restées. Pendant que le capitaine de Haas faisait fouiller la maison par ses soldats, *Mme Droüet*, cédant à une terreur inexplicable, se jeta dans un puits. Aussitôt informé de cet accident, le capitaine fit apporter une grande échelle, qui se trouvait là par bonheur, et donna l'ordre à un vieux sous-officier de hussards de prendre une lanterne et de descendre dans le puits, afin de sauver cette malheureuse, si toutefois c'était possible. Cette tentative audacieuse fut couronnée de succès. *Mme Droüet n'était qu'évanouie. Un médecin fut appelé aussitôt. Il lui prodigua ses soins et la rappela bientôt à la vie.* » (Voir *Petit Temps* du 27 septembre 1903).

Le soir même, Minutoli partait pour Verdun et, de là, pour Valmy. On comprend de reste que de multiples préoccupations l'aient empêché de s'inquiéter davantage du sort de la pseudo Mme Droüet.

laissât fuir Louis XVI, répondait avec tant de sens :

— Hé ! Madame, M. Sauce est responsable ; vous pensez à votre mari ; moi, je pense au mien.

*
* *

Ce fut aussi dans un puits que trouva la mort un des autres héros de l'arrestation, le principal héros avec Droüet, son bon camarade Guillaume.

Jean-Chrysostôme Guillaume (1) était employé dans les bureaux du directeur du district de Saint-Ménehould quand le 21 Juin 1791, au crépuscule, tandis que sonnait l'*Angelus*, la berline royale s'arrêta devant la poste aux chevaux de la ville. Ancien dragon au régiment de la Reine, Guillaume, que Droüet était allé quérir durant la halte de la berline à la poste, reconnut Marie-Antoinette qu'il avait eu l'occasion de voir plusieurs fois au cours de son service militaire.

Tous deux furent chargés par la municipalité de Sainte-Ménehould de courir après les voitures qui venaient de filer dans la direction de Clermont-en-Argonne. Montés sur de prestes *bidets*, tous deux arrivèrent à Varennes à onze heures un quart. Droüet et Guillaume ne se quittèrent pas de la nuit.

Au premier, l'Assemblée nationale attribua par la suite une récompense de 30 000 livres. Guillaume, lui,

(1) Une lettre du directeur de la poste aux lettres de Sainte-Méne-hould, écrite le 23 juin, l'appelle Guillaume de la Hure. Mais *la Hure* était sans doute un sobriquet (le frère de Droüet était connu sous le nom de Droüet *Fumier*). Victor Hugo, dans *le Rhin*, a changé Guillaume en Billaud, et M. de Fontanges le confond carrément avec Billaud-Varennes. Mais Lamartine a bien cru (*Histoire des Girondins*) que Droüet et le général Drouet d'Erlon étaient un seul et même personnage ! (Voir Victor Fournel, *l'Événement de Varennes*).

RUE DE LA BASSE-COUR ET MAISON DE SAUCE (N° 281), A VARENNES.

Dessin à la plume, par ALFRED RENAUDIN.

fut gratifié de 10 000 livres, Droüet empocha l'argent. Mais Guillaume ne voulut accepter que *six cents* livres, simplement à titre d'indemnité de voyage (1). Encore renvoya-t-il, peu de temps après, cette dernière somme « pour être distribuée aux invalides ». Et pourtant le commis au district était presque pauvre.

Si nous insistons sur ce point, c'est parce que l'on comprend malaisément que Guillaume, loué par ses concitoyens pour son désintéressement, ait été, sur la fin de sa vie, en butte à l'hostilité des habitants de Saint-Ménehould.

Dans *Le Gaulois*, M. René de Pont-Jest a conté, avec un luxe et une précision de détails qui auraient, pour des esprits superficiels, toutes les apparences de l'authenticité, la fin misérable de Guillaume honni par sa propre famille, méprisé par tous les Ménechildiens, harcelé sans cesse par les gamins qui criaient sur son passage : « *Le Gicide* — le régicide — à l'eau ! à mort *le Gicide !* » Un soir — dit en substance M. de Pont-Jest — qu'il revenait de Sainte-Ménehould et regagnait sa maison, sise à trois kilomètres de la ville, il fut criblé de cailloux lancés par des écoliers, et blessé. Le lendemain matin, on le trouvait noyé « dans le tonneau d'arrosage de son jardin », récipient qui ne contenait pas plus d'un mètre d'eau ; mais résolu à ne pas échapper à la mort, Guillaume s'y était jeté la tête la première, n'avait pas tenté de se redresser, et l'asphyxie avait mis fin à son long châtiment.

(1) Il avait accompagné le roi ramené à Paris et avait séjourné près d'une semaine dans la capitale.

Tout cela a bien l'air d'une histoire dramatisée à plaisir. La vérité, c'est que Guillaume mourut *accidentellement* le 28 février 1840, à soixante-dix ans, dans la petite maison toute proche de Sainte-Ménehould — à cent mètres — où il s'était retiré par amour de la solitude (1). On l'inhuma le 5 mars et le vicaire l'accompagna au cimetière. L'enterrement eut lieu à *neuf heures du soir*, mais le convoi fut suivi à cette heure tardive par un grand nombre de Ménechildiens, preuve que Guillaume était loin d'être détesté par ses compatriotes.

Et quant au tonneau d'arrosage contenant un mètre d'eau, c'était un puisard fangeux d'où il était assez difficile de se tirer.

*   *

Lorsque Guillaume et Droüet, voyageant de conserve au galop de leurs *bidets,* arrivèrent à Varennes, devançant les voitures royales, une demi-douzaine de patriotes étaient encore attablés à l'auberge du *Bras d'Or,* chez Jean Le Blanc, près de la voûte Saint-Gengoult.

Au nombre de ces patriotes qui aidèrent les deux Ménechildiens à barricader le pont sur l'Aire, coupant ainsi la route à la famille royale pour sortir de Varennes, se trouvait l'orfèvre Alexandre Coquillard, de la garde nationale. Il était présent quand Louis XVI

(1) Dans une intéressante brochure sur *l'Arrestation de Louis XVI,* publiée à Sainte-Ménehould en 1843, M. Neven-Lemaire écrivait : « Homme simple, bon, courageux ami de la liberté, noble et pauvre, Guillaume vivait encore, il y a à peine deux ans, retiré dans une petite maisonnette sur une colline, à cent mètres de Sainte-Ménehould, avec la longue barbe et les mœurs d'un hermite. »

LES BORDS DE L'AIRE, A VARENNES (1904).

Dessin à la plume. par Alfred Renaudin.

fut arrêté et « fit bonne contenance », assure le second procès-verbal de la municipalité.

Son concours lui valut un gratification de 6 000 livres, dont il abandonna 3 000 au trésorier de la commune.

Coquillard se tua par accident, sous la Restauration, en 1820 ou 1821, un jour de réjouissance publique. Selon les *Mémoires* demeurés inédits d'un Varennois, M. Coulonvaux, « Coquillard, ayant par suite d'ébriété perdu l'équilibre sur le palier de l'Hôtel de Ville, fut renversé du haut de l'escalier sous le porche : la mort fut instantanée » (1).

De la garde nationale de Varennes également ce Roland-Drouet (2), le major qui tira un coup de pistolet sur Goguelat et qui, au témoignage de l'abbé Gabriel, mourut fou. Victor Fournel, qui l'a connu vieillard, nous le représente « passant la plus grande partie de ses journées sur un banc scellé devant sa porte, parlant seul et décrivant avec ses bras des arabesques bizarres, où l'on croyait voir le geste de mettre quelqu'un en joue et de tirer sur lui » (3).

A toutes ces victimes du Destin il faut ajouter M. Louis Bigault de Signémont.

C'était un ancien colonel décoré de la croix de Saint-Louis. Aussitôt instruit de l'arrestation du roi à Varennes, M. de Signémont y était accouru d'un village voisin, Neuvilly, où il résidait. La foule avait

(1) VICTOR FOURNEL, *l'Événement de Varennes*.

(2) Il n'avait d'ailleurs aucun lien de parenté avec Droüet et n'était pas le beau-frère du maître de poste, comme quelques-uns l'ont écrit.

(3) Roland-Drouet avait reçu de l'Assemblée nationale 6 000 livres pour le coup de pistolet qu'il tira sur Goguelat.

immédiatement attribué à cet ex-colonel le commandement général de toutes les gardes nationales et la
direction des mesures militaires prises contre l'évasion
possible de la famille royale.

Ce fut lui encore qui commandait l'escorte chargée
d'accompagner Louis XVI ramené à Paris. La croix
de Saint-Louis, qui étincelait sur sa poitrine, aux feux
du soleil levant, au sortir de Varennes, attira sur
M. de Signémont l'attention de Mme Élisabeth qui, le
montrant au roi, dit avec indignation : « Voilà, mon
frère, un homme auquel vous donnez du pain ! »

Cet « infâme traître », comme l'appellent certains
écrivains royalistes, mourut-il assassiné ou à la suite
d'un accident? On ne sait. Mais cinq ou six ans après
l'événement de Varennes, un jour d'hiver, M. de
Signémont fut retrouvé dans la forêt d'Argonne. Son
cadavre était à moitié dévoré par les loups. Sa femme
ne voulut ni le reconnaître, ni le recevoir dans sa
maison ! (1)

(1) Les deux dessins qui illustrent cet article sont dus à la plume
d'un artiste lorrain de grand talent, M. Alfred Renaudin, qui exposait
précisément au Salon des Artistes français, en 1904, une fort remarquable toile : *Varennes-en-Argonne*.

Nous remercions vivement M. Renaudin d'avoir fait spécialement
pour nous : *Les bords de l'Aire à Varennes* et *La rue de la Basse-Cour*,
avec cette maison de Sauce où la famille royale passa la nuit historique
de juin 1791.

XV

LES

RELIQUES DE MARIE-ANTOINETTE

Encore que les péripéties de la lutte entre Cordeliers et Jacobins, entre Girondins et Montagnards, entre Danton et Robespierre, soient connues ; encore que les documents abondent sur la période troublée qui divisa la France en 1791, 1792, 1793, et surtout 1794. — il faut déplorer la disparition d'un grand nombre de papiers qui eussent jeté plus de lumière encore sur cette époque.

Je veux parler des documents trouvés chez Robespierre et ses amis.

On sait que, le 7 nivôse an III (27 décembre 1794), la Convention nationale avait voté la nomination d'une Commission de vingt et un membres, chargée d'examiner « la conduite et les papiers de Robespierre et de ses complices », morts sur l'échafaud cinq mois auparavant.

Un certain Courtois, député de l'Aube (1), qui avait jadis été l'ami fervent de Danton ; qui était devenu, depuis, celui de Robespierre ; qui avait passé ensuite aux Thermidoriens après avoir été fougueux terroriste, fut spécialement chargé d'inventorier les papiers découverts chez Robespierre et de faire un rapport sur leur contenu.

Avec quelle partialité ce Courtois remplit sa tâche, s'attachant à mettre en relief les pièces accusatrices et écartant celles qui eussent pu plaider en faveur de son ancien ami, je ne le dirai pas ; tel n'est point, en effet, l'objet de cette étude. Mais ce singulier rapporteur crut devoir détourner à son profit un certain nombre des papiers de l'ex-dictateur — les plus précieux. Il demeure comptable de ce vol envers l'Histoire.

Dans les premiers jours de 1795, Courtois donna lecture de son rapport à la Convention. Personne, à ce moment, ne se doutait qu'il eût fait main basse sur des pièces importantes.

Puis des années coulèrent. L'ex-conventionnel devint membre du Conseil des Anciens et, quand le nom de Bonaparte commença à briller d'un vif éclat, entra dans la conspiration ourdie en faveur du jeune et ambitieux général. Éloigné — pour cause de dilapidations — du Tribunat où il n'avait fait que passer ; sa carrière politique finie, Courtois quitta Paris, ayant acquis en Eure-et-Loir le domaine de Montboissier, anciennement propriété de Lamoignon de Malesherbes, défenseur de Louis XVI. Il ne séjourna que peu de

(1) Courtois naquit le 15 juillet 1754, non à Arcis-sur-Aube, comme l'ont écrit quelques-uns de ses biographes, mais à Troyes.

temps à Montboissier. Il venait en effet d'acheter dans
un petit village du département de la Meuse, à Rambluzin, un château (1) qui pourrait bien avoir appartenu au chevalier de l'Isle, ce bel esprit souvent cité
dans la correspondance de Mme du Deffant. C'est là
qu'au mois d'août 1803 — ainsi que l'atteste une
pièce des archives de Rambluzin — Edme-Bonaventure
Courtois se fixa avec ses cinq enfants (deux fils de sa
première femme qu'il avait, dit-on, empoisonnée ; un
fils et deux filles de sa seconde femme).

Durant treize ans, dans cette solitude agreste, parmi
le calme idyllique des champs fleuris et des bois profonds, Courtois vécut sans être inquiété. En 1808, le
préfet de la Meuse, M. Le Clerc, l'avait nommé membre du conseil municipal de Rambluzin. Il devint
maire du village en décembre 1812. L'année suivante,
il faisait partie du conseil du département (conseil
général) pour le canton de Souilly, dont dépendait
Rambluzin. A ces honneurs, un tantinet menus peut-
être, eu égard à l'ancienne situation de Courtois, mais

(1) Le château de Rambluzin, qui fut vendu 12 000 francs peu après
la mort de Courtois, n'existe plus, ou plutôt il n'est plus à Rambluzin.

Il a été en effet, nous écrit très obligeamment M. Lemaire, instituteur
à Thillombois, acheté en 1825 par M. le comte de Nettancourt, père du
maire actuel de Thillombois que nous remercions vivement d'avoir bien
voulu nous envoyer la photographie de cette somptueuse habitation.

Pierre par pierre, le château de Rambluzin fut, voilà soixante-dix-
neuf ans, transporté au village de Thillombois et réédifié tel qu'il était
au temps où l'habitait Courtois. Vers 1873, cependant, le château de
Thillombois a été transformé. La construction qui est au premier plan
de la photogravure reproduite ici le représente adossé à une partie de
l'ancien château des comtes d'Aspremont, ancêtres maternels de M. le
comte de Nettancourt.

La distance de Thillombois (arrondissement de Commercy) à Rambluzin est de neuf à dix kilomètres.

de tout repos, se joignaient pour l'ex-conventionnel une estime à laquelle il n'était point habitué naguère, et une véritable popularité dans la contrée qu'il avait élue comme retraite.

L'année 1816 marqua la fin de cette aimable quiétude. Désormais nous allons voir Courtois traqué, la police à ses trousses, les gendarmes perquisitionnant à Rambluzin et aux alentours, en quête du régicide Droüet, l'auteur de l'arrestation de Louis XVI à Varennes, que l'on soupçonnait caché dans le château de son ami Courtois ; en quête aussi des papiers dérobés par l'ex-conventionnel vingt ans auparavant, et des souvenirs de Marie-Antoinette passés, on ignorait comment, aux mains de Courtois.

Ce fut une véritable campagne policière, aux multiples péripéties (force nous sera d'en passer quelques-unes sous silence) ; un drame intéressant où les premiers rôles étaient tenus par le préfet de la Meuse, M. Maussion, et par la maréchaussée sous les ordres du commandant Robert et du baron de Benoist.

Courtois, lui, remplissait l'office de traître.

* *

Quand les Bourbons rentrèrent définitivement en France, après les Cent-Jours, après Waterloo, en juillet 1815, ceux des régicides qui avaient servi *l'Usurpateur* eurent tout lieu de s'alarmer.

« Depuis le retour de Louis XVIII, écrit M. Labourasse dans une consciencieuse et fort intéressante étude (1) qui nous a été très utile, de sourdes rumeurs

(1) *Le Conventionnel Courtois*, une brochure de M. Labourasse, Bar-sur-Aube, A. Lebois, 1892.

LE CHATEAU DE THILLOMBOIS.

menaçaient les amis de Bonaparte et de la Révolution,
et bientôt la loi dite d'*amnistie*, du 12 janvier 1816,
vint mettre le comble aux perplexités de Courtois. »

Les opinions du maire de Rambluzin étaient bien
connues et il ne redoutait pas d'en faire parade. La
tradition populaire assure qu'un jour, dans une réu-
nion privée qui se tenait à Issoncourt, village proche
de Rambluzin, Courtois alla jusqu'à dire : « Si Capet
savait ce que je possède, il ne dormirait pas sur ses
deux oreilles. »

Un faux ami s'empressa de le dénoncer au procureur
du roi. Et à dater de cet instant Courtois fut pour-
suivi comme une bête fauve.

Il possédait effectivement, en son château, des objets
très précieux. D'abord, ces papiers importants trouvés
dans la célèbre armoire de fer et qui lui avaient servi
pour son rapport sur Robespierre ; puis, affirmaient les
gens du pays, le testament olographe de Louis XVI (*sic*) :
le tricot que portait, le matin de son supplice, Marie-
Antoinette ; les tresses de cheveux qui avaient été
coupés à la reine, etc., etc.

C'était sur tout cela que le préfet de la Meuse et les
gendarmes voulaient mettre la main.

La campagne policière, les recherches à Rambluzin
commencèrent dès avant la promulgation de la *loi
d'amnistie*.

Le 9 janvier 1816 — la loi, on l'a vu, fut promul-
guée le 12 janvier seulement — à six heures du matin,
le chef d'escadron Robert, avec ses gendarmes, se présentait au château de Rambluzin. Il avait fait cerner le
village. Craignit-il que Courtois s'échappât ? Le com-

mandant Robert, le baron de Benoist, aide de camp
du général d'Ivory, qui accompagnait M. Robert, et,
plus tard, le préfet de la Meuse, prétendirent que ce
jour-là on ne voulait pas attenter à la liberté de Courtois
et que les perquisitions avaient uniquement pour but
la recherche de Droüet, le maître de poste de Sainte-
Ménehould, soupçonné de se tenir caché dans le château (1).

C'est possible ; mais, ainsi que le fait remarquer
M. Labourasse, ne tenait-on point à surprendre Courtois et à le placer dès ce jour sous la surveillance de la
haute police ? Une lettre adressée au préfet par le commandant Robert à la suite de cette première perquisition nous confirme dans notre opinion. Cette lettre se
termine ainsi : « Nous avons mis sous scellés une
caisse de papiers assez intéressants ». Ces scellés posés
sans plus tarder n'indiquent-ils pas que la maréchaussée
n'avait point pour seule mission de s'emparer de
Droüet ?

Le procès-verbal de la perquisition, rédigé séance
tenante, est plus éloquent encore et plus explicite :

« Dans les recherches que nous avons faites, dit le
commandant de la gendarmerie royale de la Meuse,
nous nous sommes arrêtés particulièrement à une

(1) M. Paul Despiques, professeur d'histoire au lycée de Versailles
après avoir été professeur au lycée de Bar-le-Duc, a publié dans la revue
La Révolution française (14 mai 1896) une lettre de Courtois au préfet
de la Meuse, datée du 28 janvier 1816. Courtois écrit à M. Maussion :
« Telle est la confiance que vous m'inspirez, monsieur le préfet, que si
j'avais donné asile à quelqu'un, je serais assez franc pour vous l'avouer,
fusse (*sic*) même à un Droüet, parce que je suis convaincu que vous ne
pourriez me savoir mauvais gré de tendre une main secourable au malheur ou à l'amitié. »

caisse remplie de papiers qui, autant que nous avons
pu le croire, sont relatifs à la conduite de M. Courtois,
et qui peuvent donner de grands éclaircissements sur
la manière de panser (*sic*) et d'agir de M. Courtois
dans les moments actuels.

« *Observons que, d'après divers rapports. M. Courtois a caché dans sa maison des effets précieux appartenant à la couronne ou aux princes de la maison de
Bourbon, et qu'on ignore quelles sont les lois qui lui en
ont donné la propriété, lesquels effets ont été vus et re-
connus par différentes personnes.* »

M. Maussion, préfet de la Meuse, se hâta d'envoyer
au ministre de la police générale, comte Decazes, le
dossier de cette perquisition. Il y joignit une lettre
dont nous détachons ce passage :

« Le sieur Courtois, régicide, se prépare depuis
quelque temps à quitter son domicile de Rambluzin.
Ses effets les plus précieux sont emballés ; on prétend
que parmi eux il y en a plusieurs qui peuvent appartenir à la couronne, ayant été employé au garde-meu-
bles avant d'avoir été appelé à remplir des fonctions
législatives. Il y a d'ailleurs, parmi les papiers, des
pièces qui peuvent être de la plus haute importance,
cet ex-conventionnel ayant été chargé du rapport sur
Robespierre, et ayant gardé la plupart des documents
qui lui auraient servi dans cette mission. »

Le préfet termine en annonçant au ministre de la
police que deux gendarmes ont été laissés chez Courtois (qui était absent), et en faisant l'éloge du baron de
Benoist qui a secondé avec dévouement le commandant
Robert dans sa perquisition. Enfin M. Maussion prie

le comte Decazes de lui faire connaître « la conduite à suivre relativement aux papiers et aux meubles en la possession du sieur Courtois ». Et il demande « s'il ne sera pas à propos d'exiger de lui de justifier de quelle manière ils sont demeurés sa propriété. »

Cependant, pour se mettre à couvert, Courtois écrit, le 25 janvier, à M. Becquey, conseiller d'État, que connaissait Mme Courtois, une lettre où nous lisons :

« Dans le temps, Monsieur, que j'étais membre de la Commission chargée de l'examen des papiers de Robespierre et autres conspirateurs, j'ai cru devoir soustraire, des cartons où elles étaient enfermées, des pièces du plus grand intérêt pour la famille royale et qu'on peut appeler de vrais monuments historiques.

« Mon dessein, l'an dernier, avait été de faire remettre à Sa Majesté ces objets sacrés ; mais par malheur je ne pus me souvenir de l'endroit où je les avais déposés, mes différents déménagements ayant occasionné ce manque de mémoire. Ce n'est que depuis un mois, ou à peu près, que je les ai retrouvés avec la ferme résolution de les faire passer à la véritable destination qui leur convient de droit. »

Et Courtois énumère les pièces, au nombre de dix :

1° Le testament de Marie-Antoinette, reine de France et de Navarre. Ce testament est rédigé sous forme de lettre, datée du 16 octobre 1793, à quatre heures et demie du matin — quelques heures avant l'exécution de la reine — et adressée à « sa sœur » (Madame Élisabeth, sans doute). Des larmes, en certains endroits, ont brouillé l'écriture. La lettre n'est pas signée, mais

on ne peut se refuser à en reconnaître l'identité avec
d'autres qui le sont.

2° Autre lettre, sans signature, de Marie-Antoinette
à Mme la duchesse d'Angoulême, et qui se termine ainsi :
« Envoyez-moi des bas de filoselle, une redingote de
basin et un jupon de dessous et mon bas à tricoter. »

3° Lettre, signée Marie-Antoinette, cette fois, et
adressée au président de la Convention, pour demander
trois jours de délai, afin de laisser le temps à ses défenseurs, Tronçon et Chauveau, de s'instruire des pièces
du procès.

4° Lettre d'un jeune avocat, Marie-Antoine Martin,
qui demande à Fouquier-Tinville qu'on le propose
à la reine pour son défenseur officieux.

5° Lettre anonyme de menaces adressée à Fouquier-
Tinville.

6° Interrogatoire de la reine, après son retour de
Varennes, par les trois commissaires de l'Assemblée
constituante, Tronchet, André, Adrien Duport.

7° Un gant de peau ayant appartenu au dauphin.

8° Un petit paquet de cheveux de la reine, de la
grosseur du doigt ou à peu près, roulé dans le quart
d'un journal du temps.

9° Un paquet de tresse de fil, filets, etc., ouvrages à
l'aide desquels Marie-Antoinette cherchait à tromper
les ennuis de sa captivité.

10° Une petite lettre avec la prétendue signature de
Danton, adressée à la reine et ainsi conçue : « Citoyenne,
mettez sur votre porte ces mots : « Unité, Indivisibilité
« de la République. — Liberté, Égalité, Fraternité
« ou la mort. Signé : Danton. »

Le 3 février suivant, quelques jours avant que la réponse de M. Becquey parvînt à Rambluzin, le comte Decazes, par lettre au préfet de la Meuse, approuvait la proposition de procéder à l'examen des papiers de Courtois et d'exiger l'exhibition des titres de propriété des effets que l'on supposait appartenir à l'État. Et tout aussitôt le préfet chargeait le commandant Robert de faire à Rambluzin une perquisition nouvelle.

Elle eut lieu le 9 février (1). Courtois était alité. En présence du commandant Robert, du lieutenant de gendarmerie Brémont, du baron de Benoist et de M. Hénel, suppléant du juge de paix de Souilly, il fit cette déclaration :

« Messieurs, j'ai en ma possession des pièces du plus haut intérêt pour l'auguste maison des Bourbons ; j'en ai déjà fait l'offre à Sa Majesté Louis XVIII par l'organe de M. Becquey, conseiller d'État, le 25 janvier, mais. n'ayant pas reçu de réponse, je suis tout prêt à vous remettre les pièces que je vous prie de faire parvenir à Sa Majesté par l'organe de M. le préfet. »

Et il énuméra les dix pièces dont nous venons de parler, Mais il en ajouta une onzième dont il n'avait pas fait mention dans sa lettre à M. Becquey. C'était

---

(1) Le 4 février, Courtois avait écrit à M. Maussion une lettre assez plate où, après avoir longuement parlé du déplorable état de sa santé, il disait : « Un de mes amis m'a rapporté de Verdun la nouvelle qu'à la place du sieur Drouet, c'était un général Baguier ou Brahier qu'on cherchait chez moi. Croyez, monsieur le préfet, que l'un ne s'y est pas plus présenté que l'autre, et qu'indépendamment de toute espèce de considération d'amitié, avec les embarras que me causaient dans notre intérieur l'état de ma femme et le mien, il m'eût été impossible de me charger d'un fardeau aussi pesant.

E.-B. COURTOIS.

un ruban rose, ayant appartenu à Marie-Antoinette et qui avait servi à lier le paquet de fil de tresse, cordonnets en fils, ouvrage de la feue Reine, et à l'aide duquel elle cherchait à tromper les ennuis de sa captivité. »

Outre le procès-verbal du commandant Robert, il en fut dressé un par le suppléant du juge de paix. Ce dernier procès-verbal constate qu'ouverture faite de la caisse sur laquelle les scellés avaient été apposés lors de la première perquisition, au commencement de janvier, « on y a trouvé six cartons contenant des papiers exclusivement relatifs à la Révolution. Aucun de ces papiers n'ayant paru être personnel au sieur Courtois, ni à sa famille, ils ont tous été replacés dans cinq cartons seulement ».

Le procès-verbal de M. Hénel ajoute : « Interpellation faite à M. Courtois père de nous déclarer s'il n'était pas possesseur d'effets, livres, meubles, etc., provenant de la couronne, il a répondu négativement, *à l'exception de certains objets pour lesquels nous avons dressé un procès-verbal particulier.* »

Trois jours plus tard, l'ex-conventionnel juge utile d'écrire au préfet de la Meuse :

« Je ne puis que m'applaudir, monsieur le préfet, de ce que les lettres de l'auguste Marie-Antoinette ont été déposées dans des mains aussi pure (*sic*) que les vôtres, pour être ensuite mises aux genoux de Sa Majesté. Peut-être désirez-vous savoir comment ces objets précieux sont tombés dans ma maison? Je vais avoir l'honneur de vous en instruire.

« Après la mort de Robespierre, il y eut successi-

vement deux Commissions de nommées pour l'examen
de ses papiers et de ceux de ses complices. La première n'ayant pas, par esprit de parti, répondu à la
confiance de l'Assemblée, il en fut nommé une seconde
dont je fis partie. En ma qualité de rapporteur de ce
travail, qui m'occupa cinq mois entiers, monsieur le
préfet, j'eus à ma disposition ces restes précieux qui
avaient été tirés du tribunal révolutionnaire. Le temps
n'était pas assez favorable pour en faire usage, et tel
était alors l'esprit de vertige qui exaltait certaines
têtes, ces monuments historiques, que la postérité met-
tra au premier rang devaient être détruits. Pour les
soustraire à la brûlure qui les menaçait, je m'en
emparai secrètement et je les tins cachés avec le plus
grand soin...

« Seuls, continue Courtois, la duchesse de Choiseul (1), à qui j'ai sauvé plusieurs fois la vie, et l'abbé
Barthélemy (2), que j'ai arraché à une mort certaine,
ont connu le rapt, excusable à leurs yeux, des reliques royales. Encore en ignorèrent-ils l'importance. »

Une légende qui circule à Rambluzin et aux environs,
depuis bientôt cent ans, avec quelques variantes suivant les localités, veut que M. *Benoist*, le lieutenant
de gendarmerie qui assistait le commandant Robert
dans ses perquisitions, au lieu de porter au préfet de
la Meuse — comme l'ordre lui en avait été donné —
le testament et le paquet de cheveux de Marie-Antoinette trouvés chez Courtois, soit parti à bride abattue
pour Paris, ait remis le précieux dépôt entre les mains

(1) Mme Courtois lui fit cadeau d'une mèche des cheveux de la reine.
(2) L'auteur du *Voyage du jeune Anacharsis*.

de Louis XVIII, et soit revenu de la capitale *baron de Benoist*. On dit même qu'il aurait porté des cheveux de la reine à la cour d'Autriche, d'où il serait revenu « sentant l'or et le parchemin ».

Le commandant Robert, pour récompense de son zèle et de son intelligente activité, obtint une gratification de deux mille francs. Il fut reçu par le roi et prié à dîner par le comte Decazes, ministre de la police.

Pour M. de Benoist, neveu et aide de camp du général d'Ivory, le préfet de la Meuse s'employa à lui faire donner la place de lieutenant de gendarmerie à Verdun, qu'il sollicitait. M. de Benoist (1) fit même à cette occasion un voyage à Paris. Présenté à Mme la duchesse d'Angoulême, il lui remit une relation, écrite de sa main, de la découverte du testament de sa mère, et reçut la croix de la Légion d'honneur. Toutefois il n'obtint point la lieutenance de gendarmerie qu'il ambitionnait ; quelque temps après, M. de Benoist fut nommé inspecteur des eaux et forêts à Verdun.

Les papiers saisis chez Courtois et enfermés, on s'en souvient, dans cinq cartons, restèrent près de trois mois oubliés en quelque coin de la préfecture de la Meuse. Ils furent expédiés de Bar-le-Duc à Paris, le 28 avril 1816.

* *

Et Courtois, que devint-il?

La remise volontaire (?) des objets de valeur qu'il

---

(1) Des petits-neveux de M. de Benoist, trois devinrent généraux (deux d'entre eux sont morts récemment), un autre est député de Montmédy.

détenait depuis des années ne le sauva pas de l'exil (il était atteint par les dispositions de l'article 7 de la loi d'amnistie, ainsi que deux autres Meusiens) (1).

Le 16 février 1816, un passe-port au nom de Courtois de Bévylle lui fut délivré pour Virton, petite ville du Luxembourg belge, voisine de la frontière. Mais il ne se hâtait pas de prendre le chemin de l'étranger. Des jours coulèrent, des semaines même, qu'il employait à transporter son mobilier — ce mobilier que l'on soupçonnait composé en partie d'effets précieux provenant de la couronne ou des princes de la famille royale — chez son beau-frère, M. Dumas, propriétaire à Châlons-sur-Marne; chez son ami, M. Antoine, apothicaire à Verdun; chez quelques autres personnes, au domicile desquelles on perquisitionna encore, sans succès, par la suite.

Dans les premiers jours de mars, M. de Condé, lieutenant de la gendarmerie de Verdun, se rendit avec ses hommes à Rambluzin. On recherchait Courtois qui avait disparu. Avait-il gagné la frontière? M. de Torcy, sous-préfet de Verdun, assurait que l'ex-conventionnel était passé dans cette ville le 20 février, se rendant à Virton. Mais le sous-préfet de Sainte-Ménehould affirmait que Courtois et un autre régicide des plus suspects, le fameux Droüet, étaient aux environs de Rambluzin, à Lavoye, chez un de leurs amis communs, M. Brichard, à la fois chirurgien, marchand de bois et maire de la commune. Le 14 mars, le commandant Robert et M. de Condé perquisitionnèrent à

(1) Pons de Verdun et Harmand.

Lavoye et à Beaulieu, village voisin, chez la dame Vauthier, sœur de Droüet.

Enfin, le 19 mars, parvint au préfet de la Meuse un certificat du maire de Namur, attestant que le sieur Courtois de Bévylle (Edme-Bonaventure) habitait Namur, chez le sieur Lambert de Jaives, propriétaire audit lieu.

Néanmoins, durant trois ou quatre mois après le 16 février, des gendarmes restèrent en permanence dans la maison de Courtois, à Rambluzin, molestant les deux filles de l'ex-conventionnel, qui se plaignaient fort de leurs procédés inquisitoriaux (1). Mme Courtois était morte dans les derniers jours de janvier.

Et Courtois trépassa à son tour, sur la terre d'exil, à Bruxelles, l'année même, le 6 décembre 1816.

Sa bibliothèque — qui contenait quarante lettres inédites de Voltaire — fut dispersée, en 1820, au vent des enchères. Les amateurs, il y a tout lieu de le penser, n'y trouvèrent aucun de ces livres que l'on soupçonnait Courtois d'avoir soustraits, avec encore quelques autres objets précieux, à la couronne. L'ancien député les avait trop soigneusement mis à l'abri. Son fils ne fit-il pas cadeau, en 1847, au comte de Seraincourt, de plusieurs livres reliés en maroquin rouge, portant les armes de Marie-Antoinette et ayant appartenu à la reine? Le catalogue de la vente faite par M. Dorin, de Châlons-sur-Marne, après la mort de

(1) D'après M. Eug. Welvert (*La saisie des papiers du conventionnel Courtois*), il existe aux Archives nationales une lettre de Mme de Mac-Mahon et une note de son gendre, M. de Castel-Bajac, destinées à attendrir le ministre de la police sur le sort des demoiselles Courtois, « aussi intéressantes par leur figure que par leur conduite. »

son père, ne portait-il pas quelques livres provenant de la maison de Courtois et aux armes de Marie-Antoinette?

A l'exposition historique et militaire du centenaire de Valmy, qui eut lieu à l'hôtel de ville de Châlons en septembre 1892, figurèrent certains objets provenant de la succession de Zélie-Charmette, une des filles de Courtois, née en 1794. C'étaient :

1° Un coffret contenant des cheveux de Marie-Antoinette et du dauphin :

2° Deux pendants d'oreille en émail bleu et sertis dans une monture d'argent ;

3° Les ciseaux et le poinçon de Marie-Antoinette, monture en or.

Ainsi Courtois avait menti, et au conseiller Becquey et aux enquêteurs, en leur déclarant qu'il possédait seulement, comme ayant appartenu à la famille royale, les objets, au nombre de dix ou onze, énumérés plus haut! Peut-être des collectionneurs fervents lui pardonneront-ils ce ou ces rapts. Mais ceux qui s'intéressent aux choses de la Révolution n'ont pas les mêmes raisons pour l'absoudre d'avoir indélicatement soustrait une foule de documents qui éclaireraient d'un jour, sinon nouveau, au moins plus clair et plus précis, une époque entre toutes intéressante.

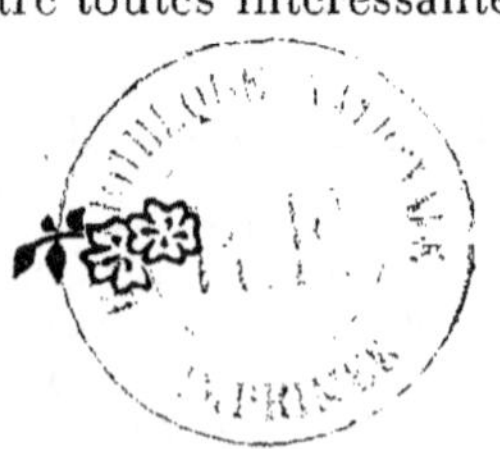

MM. **Antoine**, ancien notaire, à Triaucourt.

Aubry (H.), avoué, à Bar-le-Duc.

Badel, sous-ingénieur des Ponts-et-Chaussées, à Demange-aux-Eaux.

Bagot (A.), parfumeur, à Pantin.

Bajolot, directeur des carrières Civet-Pommier, à Commercy.

Bala (E.), ancien maire de Bar-le-Duc.

Balland (J.), directeur de « La Grande Fabrique », à Paris.

Barberot, chef de comptabilité à la Banque de France, à Bar-le-Duc.

Barbier, directeur des Douanes, à Charleville.

Barrès (MAURICE), homme de lettres, à Neuilly-sur-Seine.

Bartement, notaire, à Verdun.

Bastien-Lepage (E.), architecte, à Neuilly-s.-S. (*cinq* exemplaires).

Baton, capitaine au 106e de ligne, camp de Châlons.

Baudot (CHARLES), directeur des contributions directes, à Bar-le-Duc.

Baudot (CHARLES), maire, délégué cantonal, à Auzéville.

Baudot (MAURICE), procureur de la République, à Bar-le-Duc.

Bel (ADRIEN), propriétaire, à Rarécourt.

Belfort (PAUL), surnuméraire de l'enregistrement, à Bar-le-Duc.

Belot (GEORGES), brasseur, premier adjoint, à Verdun.

Belot (PAUL), brasseur, à Verdun.

Benoist (GÉNÉRAL DE), château de Bel-Air, à Fondettes (E.-et-L.).

Berger, caissier de la Banque de France, à Bar-le-Duc.

Bernardie (XAVIER DE LA), lieutenant de hussards, à Verdun.

Berthélemy (EDMOND), capitaine du génie, à Fontainebleau.

Berthold (FRÉDÉRIC), homme de lettres, à Paris.

Bibliothèque des Archives de la Meuse, à Bar-le-Duc.

Bibliothèque municipale de Bar-le-Duc.

Bibliothèque municipale de Montmédy.

Bibliothèque municipale de Toul.

Bibliothèque municipale de Verdun.

Bibliothèque populaire de l'Hôtel-de-Ville, à Verdun.

Bichon (POL), commissaire de police, à Compiègne.

Billet (LOUIS), juge au Tribunal civil, à Bar-le-Duc.

Bister (A.), conseiller général de la Meuse, à Revigny.

Bock (E.), industriel, à Bar-le-Duc.

Boivin, négociant, à Verdun.

Bonnay-Malberg (LOUIS DE), instituteur, à Villécloye.

MM. **Bonnet** (A.), à Paris.

Boudier (CH.), notaire, à Châlons-sur-Marne.

Boudier (HENRI), rédacteur au ministère des finances, à Paris.

Bouilly (AD.), rentier, à Verdun.

Braquier (LÉON), confiseur, conseiller d'arrondissement, château du Coulmier, à Verdun.

Brasseur (ARMAND), à Bar-le-Duc.

Bression (PAUL), orfèvre, à Verdun.

Brion (CH.), receveur des postes, à Paris.

Buisson (HENRY), ancien préfet de la Meuse, à Paris.

Buret (DANIEL), avocat, homme de lettres, à Paris.

Burleraux (E.), instituteur, à Rarécourt.

Busselot, ancien maire, à Bar-le-Duc.

Cabley (G.), conseiller général de la Meuse, à Houdelaincourt.

Caillet, 1er gardien de la prison de la Santé, à Paris.

Caillotelle, greffier du Tribunal civil, à Bar-le-Duc.

Chamoüin (EDMOND), pharmacien, à Verdun.

Champion (HONORÉ), éditeur, à Paris.

Champoudry (LIEUTENANT-COLONEL), à Paris.

Champigneulle, contrôleur des contributions directes, à Commercy.

Charpentier (E.), président du Conseil d'arrondissement, à Dun-sur-Meuse.

Chavanne, capitaine au 12e chasseurs à cheval, à Saint-Mihiel.

Chevaillier (J.); à Beaulieu-sur-Mer (Alpes-Maritimes).

Chevalier (POL), avoué, conseiller général, à Bar-le-Duc.

Chevallier (POL), industriel, maire de Longeville.

Chiny (ÉMILE), propriétaire, à Châtillon-sous-les-Côtes.

Cicile (MARCEL), à Paris.

Claine (JULES), secrétaire honoraire de la sous-préfecture, receveur de la Caisse départementale des incendiés, à Verdun.

Clause (DOCTEUR), à Clermont-en-Argonne.

Collignon (ALBERT), maire de Giverny (Eure).

Collin (ANDRÉ), notaire, à Bar-le-Duc.

Collot, notaire, à Bar-le-Duc.

Combarieu (ABEL), ancien préfet de la Meuse, secrétaire général civil de la présidence de la République.

Comité barrisien de la Ligue de l'Enseignement.

Comte (F.), ingénieur des Ponts-et-Chaussées, à Commercy.

Cordier (MAURICE), rentier, à Clermont-en-Argonne.

MM. **Couchot** (Pol), à Dammartin-en-Goële (Seine-et-Marne).

Croyn, directeur des contributions indirectes, à Annecy.

Cuny-Duvergé, capitaine de gendarmerie, à Bar-le-Duc.

Damin (Henry), juge honoraire, à Bar-le-Duc.

Dannreuther (H.), pasteur protestant, à Bar-le-Duc.

Daupleix (A.), avoué, adjoint au maire, à Saint-Mihiel.

Davion (F.), distillateur, à Paris.

Décosse (E.), premier commis de direction des contributions indirectes, à Nancy.

Delaforge (Edmond), représentant de commerce, à Verdun.

Delpeuch, principal du collège d'Étampes.

Demeusy, directeur de la Société générale, à Bar-le-Duc.

Denizot, maître de verrerie, conseiller d'arrondissement, à Fains.

Depay (Georges), publiciste, à Paris.

Dervin (A.-E.), directeur des postes et télégraphes de la Meuse, à Bar-le-Duc.

Deschamps (Léon), sculpteur, à Paris.

Despiques (Paul), professeur d'histoire au lycée Hoche, à Versailles.

Dessalles (E.), avocat, à Nancy.

Dessez (Ch.), inspecteur d'académie, à Nancy.

Didelot, employé à la Société générale, à Bar-le-Duc.

Dommartin (Edmond), à Verdun.

Dormoy (Pierre), docteur en médecine, à Paris.

Doumer (Paul), député de l'Aisne, à Paris.

Doyen (Émile), directeur de l'école d'agriculture, maire, à Ménil-la-Horgne.

Ducrot (Marcel), surnuméraire de l'enregistrement, à Verdun.

Enard (Antoine), docteur en médecine, à Bar-le-Duc.

Enard, évêque de Cahors.

Evrard (Ch.), notaire, maire de Varennes-en-Argonne.

Euget (Louis), professeur au collège d'Épinal.

Fabre (Joseph), négociant, à Rarécourt.

Fachot (Roger), procureur de la République, à Saint-Mihiel.

Fageot, pharmacien, à Bar-le-Duc.

Fallon, instituteur, à Saint-Julien.

Faucher (Henri), rentier, à Bar-le-Duc.

Faucher (Louis), rentier, à Bar-le-Duc.

Féry (Jules), ancien notaire, à Vincennes.

Féry (Julien), notaire, à Angers.

MM. **Ficatier** (J.), docteur en médecine, à Bar-le-Duc.

Fistié (CAMILLE), docteur en médecine, à Bar-le-Duc.

Flachon (VICTOR), directeur de la *Lanterne*, à Paris.

Forget (JULES), inspecteur des forêts, à Bar-le-Duc.

Fossée (LOUIS), propriétaire à Jardin-Fontaine, près Verdun.

Fouquet (ÉMILE), directeur du *Magasin Pittoresque*, à Paris.

François (MAX), pharmacien, à Bar-le-Duc.

Freund-Deschamps, industriel, à Paris.

Frussotte (PAUL), agent-voyer, à Bar-le-Duc.

Gallas, pharmacien, à Dun-sur-Meuse.

Garrigues (A.), docteur en médecine, à Paris (*deux* exemplaires).

Garteiser, maître d'hôtel, à Bar-le-Duc.

Gaudron (E.), capitaine d'artillerie, à Versailles (*deux* exemplaires).

Gelly (MAURICE), étudiant en médecine, à Bar-le-Duc.

George-Lemaire, conseiller à la Cour de cassation, à Paris.

Gérard (E.), notaire honoraire, à Verdun.

Géraudel, fabricant de pastilles, à Sainte-Ménehould.

Gillet (MAURICE), inspecteur des télégraphes, à Suresnes.

Gillon (GEORGES), prof^r, surveillant général au collège de Blaye.

Gloesener (EUGÈNE), négociant, à Verdun.

Gobert (LÉON), hôtel de la Pomme d'or, à Clermont-en-Argonne.

Gobert (J.-B.), négociant, à Paris.

Goubert (ÉMILE), docteur en médecine, à Paris.

Goujon (B.), pharmacien, à Damvillers.

Grandjean (A.) substitut du procureur de la République, à Bar-le-Duc.

Grandpierre (E.), conseiller d'arrondissement, maire, à Bussy-la-Côte.

Grosdidier (RENÉ), député de la Meuse, à Paris.

Guillaume-Houzelot (A.), à Bar-le-Duc.

Guy, capitaine au 47e de ligne, à Saint-Servan (Ille-et-Vilaine).

Guy, juge au Tribunal civil de Mirecourt.

Guyot, directeur de l'École forestière, à Nancy.

Habert (FÉLIX), à Paris.

Heimez (CHEF D'ESCADRON), commandant la gendarmerie de la Meuse, à Bar-le-Duc (*deux* exemplaires).

Hennequin (ÉMILE), propriétaire, à Froidos.

Henry (ÉMILE), négociant, à Chennevières-sur-Marne (Seine-et-Oise).

Henry (L.), secrétaire en chef de la mairie, à Verdun.

MM. **Honnoré** (G.), trésorier-payeur général honoraire, à Saint-Mihiel.

Houzelle (F.), directeur de l'École de Montmédy.

Huin (L.), professeur à l'École normale de Commercy.

Humblot (COMMANDANT), domaine de Montignac, à Berson (Gironde).

Hutin (ADRIEN), élève-officier à l'École de Saint-Maixent.

Jacquemet (ED.), directeur honoraire d'école d'Arts-et-Métiers, à Bruxelles.

Jannin (N.), commis principal à la Caisse des Dépôts, à Paris.

Japiot (F.), ancien inspecteur des forêts, à Verdun.

Josse (EUGÈNE), ancien maire, à Sainte-Ménehould.

Joyeux (F.-P.), directeur de l'enregistrement, à Bar-le-Duc.

Joyeux (LÉON), ancien notaire, maire à Triaucourt (*deux* exemplaires).

Jouventie (Jules), à Verdun.

Kleinknecht, directeur de tissage, à Bar-le-Duc.

Klopstein (LE BARON DE), à Ville-en-Woëvre.

Krick (LÉON), rentier, à Bar-le-Duc.

Küss (CH.), ingénieur en chef des Ponts-et-Chaussées, à Bar-le-Duc.

Labrosse (PAUL), président du Tribunal civil, à Saint-Mihiel.

Lacretelle (CH.), receveur de l'enregistrement en retraite, à Bar-le-Duc.

Lallemand (CH.), ingénieur en chef des mines, à Paris.

Lallemand (PAUL), conseiller honoraire, à Pau (Basses-Pyrénées).

Lalin (ALBERT), rentier, à Bar-le-Duc.

Lambinet (C.), tapissier, à Verdun.

Langlois, contrôleur principal des contributions directes, à Bar-le-Duc.

Larcher (ALBERT), négociant à Sainte-Ménehould.

Larzillière (ÉDOUARD), conseiller général de la Meuse, à Verdun.

Laurent (ALEX.), vétérinaire départemental, à Bar-le-Duc.

Le Beurrier, capitaine au 94ᵉ de ligne, à Bar-le-Duc.

Léchaudel, directeur d'école en retraite, à Bar-le-Duc.

Lecierge (ERNEST), lieutenant à l'École de cavalerie de Saumur.

Lelimouzin (E.), inspecteur de l'Assistance publique, à Nantes.

Lelorrain (GÉNÉRAL), commandant le 18ᵉ corps d'armée, à Bordeaux.

Lemaire, instituteur, à Thillombois.

Lemoine (H.), directeur d'école publique, à Verdun.

Lenoir (Dʳ), médecin-major de 1ʳᵉ classe des troupes coloniales, en congé, à Saulx (Vosges).

MM. **Lepape** (Georges), élève-officier à l'École de Saint-Maixent.
Lepointe (J.), professeur au collège de Verdun.
Lepointe (O.), directeur de cours complémentaire, à Verdun.
Levron (Ch.), avocat, à Annecy.
Ligniville (Comte de), à Woinville, près Saint-Mihiel.
Liodon, directeur de l'École normale, à Commercy.
Loison (Aug.), à Damvillers.
Loison (François), docteur en droit, avocat, à Paris.
Lombard (A.), avoué, à Bar-le-Duc.
Loppinet, à Nancy.
Lorrain (Alfred), percepteur, à Tronville-en-Barrois.
Loyseau du Boulay, industriel, à Auzéville.
Lumet (Louis), homme de lettres, à Paris.
Maginot, directeur du cours complémentaire, à Varennes.
Magisson (Louis), avocat, à Verdun.
Magisson (Paul), à Saint-Gratien.
Mahler (Paul), artiste-peintre, à Clamart.
Malloué (Albert), conseiller général de la Meuse, à Paris.
Malloué (Armand), publiciste, à Paris.
Mangeot, directeur d'école publique, à Commercy.
Maquard (Florent), conseiller d'arr¹, maire, à Spincourt.
Margueritte (Paul et Victor), romanciers, à Paris.
Marie (Dʳ), médecin en chef de l'asile d'aliénés, à Villejuif.
Martin (Alex.), inspecteur d'académie en retraite, à Bar-le-Duc.
Martin, joaillier, à Bar-le-Duc.
Martinet (E.), agent-voyer en chef, à Bar-le-Duc.
Martinier (Jean), 94ᵉ de ligne, à Bar-le-Duc.
Mathieu, directeur de la Banque de France, à Bar-le-Duc.
Mathieu (Émile), négociant, à Reims.
Mathis (général), commandant le 15ᵉ corps d'armée, à Marseille.
Meneu (Henri), propriétaire, à Dugny.
Merceron (G.), ingénieur, à Bar-le-Duc.
Michel (Dʳ), médecin en chef de l'hôpital, à Bar-le-Duc.
Michel (général), commandant la 42ᵉ divⁿ d'infᵗⁱᵉ, à Verdun.
Mignien (Edmond), notaire, à Nubécourt.
Moreau (Gabriel), conseiller général de la Meuse, à Froidos.
Nathan (Nestor), négociant, à Verdun.
Nettancourt (comte de), maire de Thillombois.
Nicolas (abbé), curé de Laneuville-sur-Meuse.
Noël (Albert), avoué, conseiller d'arrondissement, à Verdun.

MM. **Noël** (F.), président du Tribunal, à Bar-le-Duc.

Noël, instituteur, à Lavoye.

Noël (Léon), négociant, à Verdun.

Odinot (A.), pharmacien, à Commercy.

Olivier (Louis), publiciste, à Paris.

Pernet (Albert), négociant, ancien maire, à Bar-le-Duc.

Person (Ulysse), à Marseille.

Petitot-Bellavène (J.), inspecteur d'assurances, à Amiens.

Phasmann (A.), conseiller général, maire, à Saint-Mihiel.

Philbert (Louis), élève-officier à l'École de Saint-Maixent.

Philippe (Léon), chef de bureau à la préfecture de police, à Paris
   (*deux exemplaires*).

Picquoin (Gustave), imprimeur, à Paris.

Pierre (Fernand), à Courouvre.

Pierre (Albert), directeur de l'École normale de Saint-Cloud.

Pierrot (Alfred), maire de Montmédy.

Pillon (Louis), direct. de l'agence du Crédit Lyonnais, à Verdun.

Pimodan (commandant de), État-major du 1er corps d'armée, à Lille.

Pimodan (marquis de), conseiller général de la Haute-Marne,
   à Paris (*deux exemplaires*).

Pionnier (Edmond), professeur au Collège de Verdun.

Piquet, instituteur, à Aubréville.

Plauche-Gillon, avocat, à Paris.

Poincaré (Lucien), inspecteur général de l'Instruction publique,
   à Paris.

Poincaré (Raymond), sénateur, avocat, à Paris.

Poirrier (A.-F.), vice-président du Sénat, à Paris.

Poirson, vétérinaire-major au 7e d'artillerie, à Rennes.

Possien (E.), maire, à Ligny-en-Barrois (*deux exemplaires*).

Pottecher (B.), industriel, maire de Bussang (*trois exemplaires*).

Pottecher (Georges), à Bussang.

Pottecher (Maurice), homme de lettres, à Meudon.

Poulet (Henry), maître des requêtes au Conseil d'État, chef du
   secrétariat particulier de M. Loubet, à Paris.

Président (le) de la Bibliothèque pédagogique de l'arrondissement de Bar-le-Duc.

Prince (Amédée), ancien président de la Chambre des commis-
   sionnaires, à Paris.

Prod'homme (J.-G.), homme de lettres, à Paris.

Proth (Ch.), publiciste, à Paris.

MM. **Ranouille** (G.), négociant, à Verdun (*deux exemplaires*).

Raphanel (JEAN), homme de lettres, à Paris.

Regnaud (PAUL), hôtel Bellevue, à Clermont-en-Argonne.

Remy-Victor, propriétaire, à Rarécourt.

Renard (J.), architecte, à Bar-le-Duc.

Renaudin (ALFRED), artiste-peintre, à Paris.

Renauld (ALB.), avoué, à Bar-le-Duc.

Renoult (D.), publiciste, à Paris.

Richard, capitaine au 29ᵉ bataillon de chasseurs à pied, à Saint-Mihiel.

Richard (LOUIS), à Paris.

Richardin (EDMOND), éditeur, à Paris.

Rigaux (PAUL), ingénieur en chef de 1ʳᵉ classe, à Charleville.

Robat (ALBERT), à la Grange-le-Comte, près Clermont.

Robiquet (JACQUES), à Paris.

Rouillon (EDMOND), directeur du service de l'intendance du 4ᵉ corps d'armée, au Mans.

Rousselle (LUCIEN), rentier, à Bar-le-Duc.

Roussel (P.-E.), sous-dirʳ de la Société générale, à Bar-le-Duc.

Rousset (COLONEL), député de la Meuse, à Paris.

Rouyer, conservateur des forêts, à Bar-le-Duc.

Rouyer (PIERRE), percepteur de Naives-devant-Bar, en résidence à Bar-le-Duc.

Sadoul (CH.), publiciste, à Nancy.

Sainsère (OLIVIER), conseiller d'État, à Paris.

Salmon (PAUL), conseiller général de la Meuse, avocat, à Paris.

Sauret (COLONEL), à Bar-le-Duc.

Schaudel (LOUIS), receveur principal des douanes, à Chambéry.

Schérer (AD.), pharmacien, à Ligny-en-Barrois.

Schérer (CHARLES), négociant, à Bar-le-Duc.

Schiller (ARMAND), président de l'Association des secrétaires de rédaction, secrétaire général du *Temps*, à Paris.

Schoengrün (LOUIS), à Paris.

Sertlet (LOUIS), à Rarécourt.

Sévrin (L.), industriel, conseiller d'arrondissement, à Juvigny-sur-Loison.

Silvestre, directeur des Postes et Télégraphes, à Blois.

Slingsby (HENRI), conseiller de préfecture, à Bar-le-Duc.

Société (LA) populaire de Bar-le-Duc.

Tavard (F.), propriétaire, à Verdun.

MM. **Thésé** (Eug.), directeur honoraire de la Banque de France, à Bar-le-Duc.

Thibaudot (Aug.), publiciste, à Paris.

Thibout (A.), directeur d'assurances, à Bar-le-Duc.

Thiébault, receveur de l'enregistrement, à Bar-le-Duc.

Thiébaut (Émile), secrétaire de l'Inspection académique, à Bar-le-Duc.

Thirion (Édouard), industriel, maire de Bar-le-Duc.

Thomas (Henri), élève-officier à l'École de Saint-Maixent.

Toussaint (Alph.), gérant de propriétés, à Colombes.

Toussaint (Pierre), conservateur des forêts, à Chaumont.

Trailin (G.), rentier, à Verdun.

Tugny, directeur du *Républicain de l'Est*, à Commercy.

Valantin (Albert), élève-officier à l'École de Saint-Maixent.

Varaigne (général), ancien commandant du 18ᵉ corps d'armée, à Versailles.

Varin (André), conseiller de préfecture, à Bourg-en-Bresse.

Varin-Bernier (Paul), banquier, conseiller général, à Bar-le-Duc.

Vatin (F.), chef de cabinet du préfet de la Meuse, à Bar-le-Duc.

Verbois (Eug.), négociant, à Bar-le-Duc.

Verdun (Edmond), propriétaire, à Verdun.

Verdun (Léon), industriel, vice-consul de Belgique, à Verdun (*trois* exemplaires).

Verdun (Louis), négociant, à Verdun.

Victor-Chappat (Émile), propriétaire, à Rarécourt.

Vignot (Émile), à Varennes-en-Argonne.

Vin (A.), adjoint au maire, à Bar-le-Duc.

Vinchon (Louis), notaire, à Bar-le-Duc.

Vivenot (F.), compositeur de musique, instituteur, à Futeau.

Voivret (André), notaire, à Commercy.

Wirth (Hugo), éditeur, à Paris.

Wogüé (comte Félix de), à Paris.

Ulrich (Raymond), à Bar-le-Duc.

Yung (H.), professeur diplômé et compositeur de musique, à Bar-le-Duc.

(*Sept* souscripteurs ont exprimé le désir que leur nom ne figurât pas sur la liste.)

TABLE DES MATIÈRES

IMPRIMÉ

PAR

PHILIPPE RENOUARD

19, rue des Saints-Pères

PARIS